U0485660

教学诠释学

杨四耕◎著

华东师范大学出版社

图书在版编目(CIP)数据

教学诠释学/杨四耕著.—上海：华东师范大学出版社,2020
ISBN 978-7-5760-0394-9

Ⅰ.①教… Ⅱ.①杨… Ⅲ.①课堂教学-教学研究 Ⅳ.①G424.21

中国版本图书馆 CIP 数据核字(2020)第 065073 号

教学诠释学

著　　者　杨四耕
责任编辑　刘　佳
责任校对　李琳琳　时东明
装帧设计　卢晓红

出版发行　华东师范大学出版社
社　　址　上海市中山北路3663号　邮编 200062
网　　址　www.ecnupress.com.cn
电　　话　021-60821666　行政传真 021-62572105
客服电话　021-62865537　门市(邮购)电话 021-62869887
地　　址　上海市中山北路3663号华东师范大学校内先锋路口
网　　店　http://hdsdcbs.tmall.com

印 刷 者　上海锦佳印刷有限公司
开　　本　787×1092　16开
印　　张　13.25
字　　数　205千字
版　　次　2020年9月第1版
印　　次　2020年9月第1次
书　　号　ISBN 978-7-5760-0394-9
定　　价　42.00元

出 版 人　王　焰

(如发现本版图书有印订质量问题,请寄回本社客服中心调换或电话 021-62865537 联系)

从一开始我就要申明,我并非提出诠释学来作为认识论的一个"继承的主题",作为一种活动来填充曾由以认识论为中心的哲学填充过的那种文化真空。在我将提供的解释中,"诠释学"不是一门学科的名字,也不是达到认识论未能达到的那种结果的方法,更不是一种研究纲领。反之,诠释学是这样一种希望的表达,即由认识论的撤除所留下的文化空间将不被填充,也就是说,我们的文化应成为这样一种状况,在其中不再感觉到对限制和对照的要求。[1]

——代题记

---

[1] [美]理查·罗蒂著,李幼蒸译:《从认识论到诠释学》,载洪汉鼎主编:《理解与解释——诠释学经典文选》,东方出版社2001年版,第516—552页。

目录

前言　文化与眼光 / 1

第一章　诠释学方法

诠释学方法有着久远的历史和丰富的内涵。诠释学方法所倡导的"理解"取向与对人的精神世界的关注是深刻的，他们所秉持的研究中整体与部分的理解循环、价值涉入的不可回避性、研究中的诠释学关系以及理论与实践相互参与和对话等见解都是值得教育研究借鉴的。

一、诠释学方法的转向 / 2
二、诠释学方法的要义 / 4
三、诠释学方法与教育研究 / 11

第二章　一个教学论难题

凯洛夫不知不觉地将"教学是一种特殊的认识活动"这一事实判断跃迁至"教学应培养个性全面发展的人"这一价值判断，这种跃迁既缺乏事实说明，又缺乏理论论证，于是产生了"凯洛夫问题"。"凯洛夫问题"归根结底是事实判断"僭越"价值判断的问题。

一、凯洛夫教学论体系 / 22
二、一种积极的怀疑论 / 26
三、"凯洛夫问题"的实质 / 36

第三章　教学的诠释学取向

如果我们把认识论看作是检视教学的"知识眼光",那么诠释学就可以视为检视教学的"创作眼光"。在这里,"知识眼光"实际上是一种抽象的人的眼光,是基于理智抽象的理性人的眼光;而"创作眼光"实际上是活动着的、生成着的人的眼光,是走向全面的人与丰富的生活的眼光。

一、从认识论到诠释学 / 42
二、教学的诠释学取向 / 59
三、教学理解何以可能 / 75

第四章　教学的领域是理解的领域

教学理应与人的生命意义内在关联,意义理解理应成为教学实践活动的最终指向;或者说,教学本质上应该是理解活动,不论是在认识论意义上、方法论意义上,还是本体论意义上,都应该如此。因此,在一般意义上,教学即对理解的自觉追求;在终极意义上,教学即理解。它们共同揭示了一个深刻的道理:教学的领域,是理解的领域。

一、教学理解观的反思与批判 / 90
二、在对话中重建教学理解 / 94
三、从实践诠释学的观点看 / 104

第五章　教学理解与人文化成

"实践,只是理解性的实践。"教学理解并不是外在于教学实践活动的另一种活动,它本身就是教学主体的生命活动的一种具体形式,是教学实践活动的内在构成。教学理解和教学实践活动是一个过程的两个方面:内隐的和显现的。从现象上看,教学即行为;从深层想,教学即理解。换言之,教学主体的精神生命过程,并不外在于教学实践活动过程,并不是离开教学主体的现实生命活动过程的另一种过程。

一、教学理解的本体论基础 / 110
二、教学理解内蕴于教学实践活动 / 115
三、教学理解与人文化成 / 118

第六章　教学理解的内在结构

教学理解主体之为主体,教学理解客体之为客体,教学理解中介之为中介,并不取决于它们各自的自在特性或给定状态,而取决于它们与人的发展需要和由这一需要所展开的教学实践活动。教学理解作为对教学的释义活动,就是要从促进人的个性发展的需要出发,阐释教学实践活动对人的意义,实现人的自我理解和自我超越。因此,从根本上说,教学理解目标是与人的发展可能性相联系的。

一、教学理解的构成要素 / 128
二、教学理解要素的构成方式 / 132

第七章　教学理解的主要类型

"人可能是什么",从根本上说,不仅仅是一个知识论或价值论问题,而主要是一个在实践中、在"事情"中得以展开,在实践过程中、在行动中加以阐释的问题。通过知识取向的教学理解所获得的"人已是什么",必须以实践取向的教学理解所内蕴的"人应是什么"为前提。教学理解所内蕴的"人应是什么"又必须与"人已是什么"相结合,否则"人应是什么"就会成为无根的浮泛之论。在"人可能是什么"的提问中,既涵盖了人超越自身的期盼与价值追求,又把这种期盼和价值追求置于人所能容许的可能空间之中。

一、知识取向的教学理解 / 136

二、实践取向的教学理解 / 141

三、解放取向的教学理解 / 147

第八章　教学理解的过程

教学是一种活动性存在,不仅涉及外显的行为过程,而且涉及内隐的精神过程。从教学主体的前理解到对教学的理解与解释,从对教学的理解与解释回到教学主体的自我理解、自我超越,这两个环节构成了完整的教学理解"内循环过程",教学意义在这一循环过程中得以形成和开放。个体的教学理解与群体的教学理解之间的循环构成了教学理解的"外循环过程"。从个体的教学理解到群体的教学理解,是教学意义得以传输、交流和增生的过程,也是教学意义实现自身、具有社会性和客观性的标志。群体的教学理解仅仅是特定场域不同个体对教学事象的共识性理解与阐释,是"未决的",它必须返归个体,在个体的教学理解中实现、完善、超越自身。

一、教学理解的"内循环"过程 / 154

二、教学理解的"外循环"过程 / 159

第九章　教学理解的方法

理解不是一个方法问题,方法是理解之后的事。方法无疑都是理解和解释过的东西。没有脱离理解的方法,或者说,在个人理解之外,不能产生起实际作用的方法。方法总是过程取向的,不是结果。因此,"学会学习"应该在学习过程中,在教学理解中,逐步领会、摸索,他才有可能形成属于自己的方法。严格地说,学习方法不是"教给"的,而是自我理解的过程与结果,具有个人化色彩,是无法模仿、移植的。

一、方法还是理解:两难的选择 / 166

二、教学理解方法的特征 / 168

三、通向理解的"非方法" / 171

第十章　教学理解的客观尺度

教学理解作为负载着人的目的意义和价值追求的对象化客体,其客观实在性和客观制约性是在教学实践活动过程中形成、显现,而成为感性直观的对象的。通过教学理解与解释,对这种感性直观的对象进行意义阐释,也就必然要以对象这种内蕴着人的活动的目的论客观过程为基础、为尺度,在张扬人性丰满与多样性的价值追求中保持内在的自为客观性。

一、考察客观性的三个维度 / 182

二、教学理解的客观性问题 / 187

后记 / 197

前言　文化与眼光

1. "一种文化首先意味着一种眼光",一位哲人如是说,"眼光不同,对所有事情的理解就不同"。当我们从"认识论"转向"诠释学"的时候,检视教学的"眼光"发生了怎样的变化呢?或者说,基于当代诠释学,我们的视角有何变化呢?如果我们把认识论看作是检视教学的"知识眼光"的话,那么诠释学就可以视为检视教学的"创作眼光"。在这里,"知识眼光"实际上是一种抽象的人的眼光,是基于理智抽象的理性人的眼光;而"创作眼光"实际上是活动着的、生成着的人的眼光,是走向全面的人与丰富的生活的眼光。

2. "教学是一种特殊的认识活动",这是一个事实判断。由此出发,能否推导出"教学能培养个性全面发展的人"这一价值判断呢?推导的依据又是什么呢?显然,推理的成立是有困难的,更是逻辑上难以证明的。在这点上,凯洛夫教学论恰恰认为这是一个无需证明的自明性命题。在这"自明"的背后,恰恰留下了一处致命的"硬伤"。这就是说,凯洛夫不知不觉地将对"教学是一种特殊的认识活动"这一事实的判断跃迁至对"教学应培养个性全面发展的人"这一价值判断,这种跃迁既缺乏事实说明,又缺乏理论论证,于是产生了"凯洛夫问题"。因此,"凯洛夫问题"归根结底是事实判断"僭越"价值判断的问题。拒绝没有力量的知识,追求真正意义上的全面发展,一直是教育的核心议题。

3. 人类思想大面积地分科知识化的结果是,知识吞噬了思想,人类对自身的理解失去了思想性。思想失去思想性,一个显眼的危害就是失去精神诱惑和精神渴望。如果任何事情都只不过是知识体系中的一个对象、一个部件,甚至人也如此,那么将失去想象,而仅仅是个预制品,我们对人、对事物无法再有什么精神渴望,不管人还是事物都不再是个精神诱惑。消除人的精神诱惑和人对人的精神渴望实质上是人的"精神毁容"。"知识论眼光"错误地鼓励了人文社会思想的知识化,把人理解为无面目的抽象个体,把社会和生活理解为机械化、量化、标准化、模型化的认识和管理对象。这种可统一管理的抽象个体及其生活所表达的恰恰是神的目的,而不是人的目的,因为只有神才对一种规则、一种心灵、一种面目的无聊人类生活感兴趣。

4. 个性全面发展的人是知识丰富的人,但知识丰富的人不一定是个性全面发展的人。怀特海(Whitehead, A. N.)说:"教育的目的只有一个主题,那就是五彩缤纷的生活。但我们没有向学生展现生活这个独特的统一体,而是教他们代数、几何、科学、历史,却毫无结果……以上这些能说代表了生活吗?充其量只能说那不过是一个神在考虑创造世界时他脑海中飞快浏览的一个目录表,那时他还没有决定如何将他们合为一体。"怀特海的观点是令人深思的:文化是思想的活动,知识与文化不相干;知识并不代表生活,生活需要智慧。请你相信,很多时候,课堂与知识无关;课堂是一种态度,一种生活,一种富含生命情愫的态度和生活。

5. 法国思想家帕斯卡尔(Pascal, B.)充满自信地说:"思想——人的全部尊严就在于思想。"从教学实践的角度来说,对思想、精神的追求毫无疑问地比知识更为本位。在教学中,如果我们把揭示人生的意义看作是认识论的任务,我们就永远不可能把这个意义揭示出来,因为,这个意义在知识上永远是个问题。"思想着比思想更重要。"是的,对成长而言,动词的思想比名词的思想更有价值。因为,见识比知识更重要,成长比成功更重要。诚如理查·罗蒂所言:"从一开始我就要申明,我并非提出诠释学来作为认识论的一个'继承的主题',作为一种活动来填充曾由以认识论为中心的哲学填充过的那种文化真空。在我将提供的解释中,'诠释学'不是一门学科的名字,也不是达到认识论未能达到的那种结果的方法,更不是一种研究纲领。反之,诠释学是这样一种希望的表达,即由认识论的撤除所留下的文化空间将不被填充,也就是说,我们的文化应成为这样一种状况,在其中不再感觉到对限制和对照的要求。"

6. 迷恋精神成长是诠释学的核心取向。当我们以"诠释学"的语言想象教学的时候,教学就不再仅仅是学生个体的认识过程,学生也不再是抽象的思维容器,教学是生成生命意义的理解过程。其带来的必然转变简要地概括就是,"视野比视力更重要",

"开窍比开心更重要","心灵比心情更重要","成长比成功更重要"。人在理解之中,欣赏教学的"整个风景"。理解在核心意义上就是联系,就是透过联系开窍,促进心灵的丰盈。请注意,理解的任何部分都不会浪费,每一部分都有助于发展学生的"个人理论"系统。在此意义上,"教学理解"不是纯化、标定教学要素,而是开发、丰富教学资源。与"教学认识"相较,"教学理解"为人的发展提供了更多的"契机"。在教学过程中,"风景"越多、越丰富,越有助于人的个性全面发展。

7. 派纳在《健全、疯狂与学校》一文的结语中说:"我们毕业了,拿到了证书却没有清醒的头脑,知识渊博却只拥有人类可能性的碎片。"这多么令人深思啊!知识学习的过分强调,在相当程度上把人视为知识的容器,忽视人的价值和意义,缺乏对人的伦理观照,作为生活的主人的师生均被贬为可以加以利用的工具、手段,人的需要、价值、情感被淹没在单纯的知识目标之中,生命感在这里荡然无存。其结果是,将教学视为纯粹的认识活动,片面发展人的认识能力,看不到人的整体"形象",特别是作为"在场"的人的整体"形象"被"抽象"。放眼世界,人之精神远遁,迷失于庞大的"静止结构",这便是"教学认识论"的"悲剧范畴"。教学理应与人的生命意义内在关联,意义理解理应成为教学实践活动的最终指向;或者说,教学本质上应该是理解活动,不论是在认识论意义上、方法论意义上,还是本体论意义上,都应该如此。因此,在一般意义上,教学即对理解的自觉追求;在终极意义上,教学即理解。它们共同揭示了一个深刻的道理:教学的领域,是理解的领域。

8. 当人的需要、价值、情感被淹没在单纯的知识目标之中,知识渊博却只拥有人类可能性的碎片,生命感在这里便荡然无存。知识的增长并不一定导致生活的完满与幸福。当认识、知识成了第一性的东西,欲求和意志则成了仆从。这样,他们受的教育越多,他们的思想就越包裹在一层坚实的知识硬壳之中。其实,臻达人性完美需要"另一种"教学,这种教学与理解联姻,教学本身即理解,理解本身即教学。唯其如此,教学与生活之间方能建立起"文化"联系,方能彰显人之生命灵性。

9. 一切理解皆自我理解。作为精神生命活动的教学理解与作为现实生命存在的教学实践活动内在关联。教学理解内蕴于教学实践活动;在终极意义上,教学理解即是教学主体对自身生命意义的澄明,而这种澄明最终指向教学主体的自我超越,使他"不停地'进入生活',不停地变成一个人"。教学作为一种人为的存在,不是给定的现成物,它是人的生命存在方式之一。在这里面,蕴涵着"人是什么"的答案。

10. 教学过程即理解过程,实现人类共有文化和个体精神生命的"视界融合"是其核心使命。从教学主体的前理解到对教学的理解,从对教学的理解回到教学主体的自我理解,是教学理解"内循环"过程;而个体的教学理解与群体的教学理解之间的循环,则是教学理解的"外循环"过程,这是教学意义得以传输、交流、增生和丰富的过程。教学理解的"内循环"过程与"外循环"过程生成了一种有别于"教学环节"的新的教学过程观。

11. 在教学过程中,我们在很大程度上,所需要的"真理只是照亮而不是正确"——照亮学生前进的路,而不是轻易地、简单地以知识论眼光判定正误;从他者的角度着想,给学生以幸福,与学生分享幸福,而不是指示、命令或统一学生的思想;并不在于以"客观性"为由规训、算度、操纵学生的理解,而在于教化和解放,让孩子们的大脑能够异想天开,人格能够大放异彩,表情能够生动丰富……

第一章
诠释学方法

诠释学方法有着久远的历史和丰富的内涵。诠释学方法所倡导的"理解"取向与对人的精神世界的关注是深刻的,他们所秉持的研究中整体与部分的理解循环、价值涉入的不可回避性、研究中的诠释学关系以及理论与实践相互参与和对话等见解都是值得教育研究借鉴的。

20世纪80年代以来,学术界,尤其是社会人文学科领域,掀起了一股方法论热潮。教育界也时有学者呼吁,提出教育研究要有突破性进展,必须首先在方法论上取得突破。对方法论的重视和有所突破,是新时期教育研究获得重大发展的原因之一。而诠释学方法(亦称解释学方法、释义学方法)就是在这股热潮中兴起并逐渐为学术界所接受的。

何谓诠释学方法?这是首先必须界定的问题。为明确起见,方法在以下行文中特指方法论、辩证法之义;而诠释学方法则特指以诠释学为方法论或以诠释学为辩证法;方法论和辩证法在本文中同义,均可视为广义的方法概念。诠释学作为一种方法,对教育观念的更新来说,为我们提供了不少有益的启示,关于这一点,国内外学者已发表了不少论文和专著[1]。而对教育研究的方法论而言,国内外学者的探讨相对较少[2],一些人对此甚至还比较陌生。笔者以为,诠释学方法作为一种教育研究方法论具有相当深刻的范式意义,在当前诠释学被社会人文学科普遍重视和广泛运用的背景下,完全有必要对之进行专门的探讨。

一、诠释学方法的转向

关于诠释学方法的历史发展,美国当代学者帕尔默(R. E. Palmer)在《诠释学:狄

---

[1] 查阅近几年的教育文献,此类论文比比皆是,而且还有明显加剧的势头,如鲁洁《人对人的理解——道德教育的基础》(《教育研究》2000年第7期)、张天宝《关于理解与教育的理论思考》(《教育实验与研究》2000年第5期)、熊川武《论理解性教学》(《课程·教材·教法》2002年第2期)、刘志军《走向理解的教学评价初探》(《教育理论与实践》2002年第5期)等;就专著而言,国内学者如邹进著《现代德国文化教育学》(山西教育出版社1992年版)、金生鈜著《理解与教育》(教育科学出版社1997年版),国外学者如英国M. Sainsbury: *Meaning , Communication and Understanding in the Classroom* , (Printed and Bound in Great Britain by Athenaeum Press Ltd. , 1992)、加拿大大卫·杰弗里·史密斯《全球化与后现代教育学》(教育科学出版社2000年版)等。

[2] 比如叶澜在《教育研究方法论初探》(上海教育出版社1999年版)中、靳玉乐等在《课程研究方法论》(西南师范大学出版社2000年版)中,分别从不同的角度对教育研究的诠释学方法进行了一些探索。相对而言,国外学者对此涉及较多,但仍不够系统。

尔泰、海德格尔和伽达默尔的解释理论》一书中从性质和作用的角度提出了六种界定：1.作为圣经注释理论；2.一般文献学方法论；3.一切语言理解的科学；4.人文科学的方法论基础；5.存在和存在理解的现象学；6.重新恢复和破坏偶像的解释系统。[①] 我国学者洪汉鼎亦提出诠释学方法的六种性质规定，与帕尔默的差别在于最后一种规定，帕氏主要根据利科尔(P. Ricoeur)的观点，而洪氏则主要依据伽达默尔(H.－G. Gadamer)的观点，认为作为实践哲学的诠释学是20世纪诠释学的最高发展。[②] 从诠释学方法从古代到现代的历史发展来看，诠释学存在三次重大的转向：

第一次转向是从特殊诠释学到普遍诠释学的转向，或者说，从局部诠释学到一般诠释学的转向。这一转向一方面指诠释学的对象从圣经和罗马法这样特殊卓越的文献到一般世俗文本的转向，即所谓从神圣作者到世俗作者的转向，另一方面指诠释学从那种个别片断解释规则的收集到作为解释艺术的解释规则体系的转向。促成这次转向的主要人物是施莱尔马赫(F. Schleiermacher)。施莱尔马赫把诠释学从独断论的教条中解放出来，使之成为一种"避免误解"的解释规则体系的普遍诠释学。但这一转向却使诠释学失去了本来与真理内容的联系，使理解变成对作者意图的猜度，进而使诠释学本有的理解、解释和应用(Applikation)三种技巧在浪漫主义诠释学里只剩下理解和解释两种技巧，诠释学问题里的第三个要素应用则与诠释学不发生关系。

第二次转向是从方法论诠释学到本体论诠释学的转向，或者说，从认识论到哲学的转向。狄尔泰(W. Dilthey)以诠释学为精神科学(人文科学)奠定认识论基础这一尝试，使诠释学成为精神科学的普遍方法论，但在海德格尔(M. Heidegger)对此进行生存论分析的基础本体论里，诠释学的对象不再是单一的文本或人的其他精神客观化物，而是人的此在本身，理解不再是对文本的外在解释，而是对人的存在方式的揭示(Auslegung)，诠释学不再被认为是对深藏于文本里的作者心理意向的探究，而是被规

[①] 参阅 Richard E. Palmer：*Hermeneutics：Interpretation Theory in Schleiermacher，Dilthey，Heidegger，and Gadamer*，Evanston, Northwestern University Press，1982；另见洪汉鼎主编：《理解与解释——诠释学经典文选》，东方出版社2001年版，"编者引言"第20页。
[②] 洪汉鼎著：《诠释学——它的历史和当代发展》，人民出版社2001年版，第21—27页。

定为对文本所展示的存在世界的阐释。这种转向的完成则是伽达默尔的哲学诠释学。哲学诠释学是一门关于人的历史性的学说:人作为"此在"总是已经处于某种理解境遇之中,而这种理解境遇,人必须在某种历史的理解过程中加以解释和修正,诚如伽达默尔所言:"理解从来就不是一种对于某个所与对象的主观行为,而是属于效果历史,这就是说,理解属于被理解东西的存在。"①

第三次转向是从单纯作为本体论哲学的诠释学到作为实践哲学的诠释学的转向,或者说,从单纯作为理论哲学的诠释学到作为理论和实践双重任务的诠释学转向。这可以说是20世纪哲学诠释学的最高发展。与以往的实践哲学不同,这种作为理论和实践双重任务的诠释学着意重新恢复亚里士多德"实践智慧"(phronesis)的概念。在当代科学技术和全球经济一体化对社会进行全面统治以及由此而造成人文精神相对衰微的时候,再次强调与纯粹科学技术相区别的、古老的"实践智慧"这一德行,无疑会给当代热衷于经济和技术发展的人们带来一剂清醒剂。诠释学作为哲学,就是实践哲学。按照伽达默尔的看法,它所研讨的问题是规定所有人的知识和活动的问题,是对人之为人以及对"善"的选择最为至关紧要的"最伟大的"问题。②

由以上粗线条的历史追述来看,诠释学方法有着久远的历史;诠释学性质的转向很好地说明了人们对诠释学方法的认识正逐步走向深化。同时,它也充分展示了诠释学方法的丰富内涵和广泛前景。

二、诠释学方法的要义

上文主要从历时的角度展示了诠释学方法的历史与发展,下面拟从共时的角度,探讨诠释学方法的基本内容或特征。笔者以为,诠释学方法的主要内容可以归结为相

---

① [德]伽达默尔著,洪汉鼎译:《真理与方法》,上海译文出版社1992年版,"第2版序言"第8页。
② [德]伽达默尔:《作为理论和实践双重任务的诠释学》,载洪汉鼎主编《理解与解释——诠释学经典文选》,东方出版社2001年版,第515页。

互联系的四个方面:诠释学循环、诠释学经验、诠释学关系和诠释学语言。

(一) 诠释学循环:整体与部分的"华尔兹"

"诠释学循环"是诠释学方法的核心概念之一。它以悖论的形式出现,其基本含义是:对整体的意义把握必须建立在对部分理解的基础上,而对部分意义的理解又必须以对整体的把握为前提。这是一种循环,它体现了整体与部分之间的"圆舞"和微妙的辩证"游戏"。在实践中,人们很早就意识到这种循环的存在,然而对它的本质的认识却经历了一个不断深化的过程。

在局部诠释学阶段,诠释学循环主要集中在文本内部的整体和部分之间进行,局限于文本字词篇章的理解和原义的追求。这种诠释学循环是自足的,理解文本的每一部分和理解它的整体互为条件,二者之间形成一种辩证的张力,它们能不能达到和谐是检验理解正确与否的尺度。

从一般诠释学始,对诠释学循环的理解,经施莱尔马赫、狄尔泰到海德格尔、伽达默尔而得以最终完成。根据施莱尔马赫的观点,诠释学循环不应局限于文本的语法层面,而应推进到作者的心理层面,即由文本内走向文本外。施莱尔马赫的观点深刻地影响着狄尔泰对诠释学循环的理解。但是,狄尔泰并未完全囿于施莱尔马赫的心理模式,而是把精神科学的方法论建立在生命哲学的基础上,并纳入历史主义的背景之中,进而将诠释学循环从语法、心理和历史文化背景三个方面加以融贯。在狄尔泰看来,重构另一个人的生命整体不可能通过单纯的逻辑推理来实现,因为在精神科学中发挥作用的是完整的人,而诠释学循环表现了生命的基本特征,它在整体与部分的关系中,而非在因果关系中进行。真正触摸到诠释学循环的内在本质的是海德格尔与伽达默尔,他们从存在论的立场,以理解者的"前理解"作为诠释学循环中的"整体",它所反映的是理解者的文化、社会、历史等生存境况。理解的部分是被理解对象,主要是指历史流传物或文本。理解者的"前理解"与被理解对象之间是互动关系,这种互动表现为一个不断更新的循环往复过程。此处所说的整体和部分必须在理解者的视界中达到和谐统一，否则理解就不能实现。

总之，诠释学循环始终是在"整体—部分"的辩证关系中进行的，从局部诠释学到古典诠释学再到哲学诠释学，这种关系经历了语法、心理、生命和存在这样几个阶段，由外向内，由表及里，层层递进，逐步扩大，最终实现了从方法到本体的嬗变。它表明诠释学循环既有方法论、认识论意义，又具有本体论意义，它是立体的、全方位的。归根结底，任何诠释学循环都起始并终止于"事情本身"，它的目标始终是对于"事情本身"说出的东西的正确理解。不过，由于理解者的视界不同、试图提出的问题不同，"事情本身"所"说出"的东西或显现出来的意义也有所不同。

（二）诠释学经验：效果历史意识

跃入诠释学循环，也就意味着理解活动的"发生"、诠释学经验的形成。由于黑格尔、海德格尔的影响，"经验"（Erfahrung/experience）的概念在伽达默尔那里有着十分丰富的内涵。在伽达默尔看来，迄今为止的经验理论的缺点在于它完全是从科学出发来加以把握的，未注意到经验的内在历史性。伽达默尔一针见血地指出，科学的目的在于使经验客观化、普适化，令其不再包含任何历史性要素，以便适用于任何时代、任何人。真理是在经验过程中被揭示的，不可能在科学中得到完全的揭示。他拒绝将真理视作思维与对象相符合的传统观念；这种符合论的真理观是以主客对立的认识方式为基础的。伽达默尔对真理的理解与之针锋相对，他认为真理隐藏于经验过程之中，在经验与传统的辩证遭遇中显现出来。

诠释学经验是人最原始、最基本的经验，它集中体现在"效果历史意识"之中。关于效果历史意识，在伽达默尔看来，包含不可分割的三个概念："效果历史"、"视界融合"和"时间距离"。首先，理解按其本性乃是一种效果历史事件，没有不带"偏见"的理解，理解永远是相对的，总是一定条件下的理解，要受制于我们的存在、前见、视界的开现和遮蔽，它不可能最终完成。理解者总是处于特定的处境中，不能站在这个处境之外来明确区分主观与客观，历史决定我们理解的可能性及其限度。人只有站在历史之外,方可谈论历史的客观性。因此,对历史的理解只能是效果历史的,而不可能是自然科学意义上的纯客观性。其次,在实现效果历史的过程中总存在着理解者的历史视界与被理解者的历史视界的融合,这种融合"既不是一个个体对另一个个体的认同,也不是用自身的标准来使他人服从自己,而是自始至终包含着向一个更高的普遍性的上升,这种普遍性不仅克服了我们自身的特殊性,而且也克服了他人的特殊性"①。由此,视界融合标志着一个更大视界的形成。当然,视界融合不是封闭的、僵化的,而是动态发展的,视界是理解的起点、角度、立场和可能之前景,它是理解的形成而不是理解的终点,它仅代表着理解的一个阶段,并将成为新的理解的前理解或出发点。最后,从辩证法的角度来看,理解作为一种交往实践无非是要解决由"时间距离"所导致的"意义"疏远化问题。对伽达默尔而言,时间距离开放了意义理解的空间,使文本所指永远处于未决的、敞开的状态。在这个过程中,一方面新的错误源泉不断被消除,真正的意义被过滤出来;另一方面新的理解源泉不断涌现,使得原先意想不到的意义关系展现出来。一句话,效果历史、视界融合、时间距离共同构成了效果历史意识的基本内容。当然,这也是诠释学经验的当代阐释。

(三) 诠释学关系:"我—你"关系

宗教哲学家马丁·布伯说,世界上不存在孑然独存的"我"。"我"要么出现在"我—你"关系之中,要么出现在"我—它"关系之中。"我—它"关系中的"它"是"我"的对象世界,是被动的。这种关系所体现的是一种占有式的、非平等的主客关系。只有在"我—你"关系中,世界才不是作为"它"被认识、被利用,而是化作"你"来相遇、来对话,在这里,他者不是工具而是目的。这种关系所体现的是一种生成式的、平等的主体际关系。②

---

① [德]伽达默尔著,洪汉鼎译:《真理与方法》,上海译文出版社1992年版,第391页。
② 参阅[德]马丁·布伯著,陈维纲译:《我与你》,生活·读书·新知三联书店2002年版,第1—21页。

伽达默尔把诠释学关系视为"我—你"关系,并详细分析了"我—你"关系在诠释学中的三种类型:1.把"你"当成物,当成对象,用一种科学的态度来加以把握,从同类的行为中概括出典型的规律性认识,以便对人的行为作出某种普遍性的预见。伽达默尔反对将真正的理解和这种态度等同。他认为理解带有伦理意味,是一种道德现象。对人的理解不同于对人的认知,人不可用物的方式来对待自己的同类。2."你"被承认为一个人,而不是物。与第一种类型相比,第二种类型强调"你"不是一种直接的关系,而是一种反思关系。在诠释学领域,与这种对"你"的经验相对应的形式乃是被伽达默尔称为"历史意识"的东西。与第一种类型不同,"历史意识在过去的他物中并不寻找某种普遍规律性的事件,而是找寻某种历史一度性的东西"[①]。与第一种类型相同的是,他们都追求被理解者的历史性而忽视理解者本身的历史性,它限制了理解的自由。伽达默尔一针见血地指出,如果理解者以为他可以通过方法的客观性来摆脱自身的历史性以及由这种历史性所形成的前见,那他就在否认了传统在他理解过程中的作用,因而也就看不到前见在理解中的积极作用。这种情况正如"我""你"之间的关系一样,谁在这样一种交互性之外反思自己,谁就改变了"我与你"而形成"我与它"。真正的理解并不在于摆脱传统,而是立于传统之中,这样做非但不限制理解的自由,恰恰相反,它为理解的自由提供了可能。3.以上两种类型,实际上反映的是布伯所说的"我—它"关系,而不是"我—你"关系。正是基于这种认识,伽达默尔扬弃了前两种类型的片面性,突出了理解的开放性。这种开放既是"我"对传统的开放,又是传统对"我"的开放,因此是真正把"你"作为"你"来经验,不忽视"你"的要求,以便让"你"能对"我"真正说点什么。"如果没有这样一种彼此的开放性,就不能有真正的人类联系,彼此相互隶属总同时意指彼此能够相互听取。"[②]但听取别人并不意味着无条件接受他人的意见,而意味着经由相互敞开而产生视界融合,进而让真理显现出来。

---

① [德]伽达默尔著,洪汉鼎译:《真理与方法》,上海译文出版社1992年版,第463页。
② 同上书,第464页。

(四) 诠释学语言:对话游戏与问答逻辑

伽达默尔指出:"语言只有在对话中才具有真正的现实性,这是我的诠释学研究的导引性的观点。"[①]不难发现,这是对古老的苏格拉底"精神助产术"的回归。苏格拉底认为真理及人们对真理的思考都具有对话的本质,真理之路在于交谈,它诞生于共同寻求真理的人们之间,是在人们的对话交往实践过程中出现的。为此,苏格拉底常常运用"精神助产术"帮助真理"诞生"、"分娩"。在伽达默尔看来,对话与游戏是异质同构的,对话在深层上可以用"游戏"来表征,诠释学语言在本质上就是对话游戏。在对话游戏中,我们经常逾越到他人的思想世界中,我们参与了他,他也参与了我们。按照伽达默尔的观点,游戏是一种独特的存在方式,它独立于参加游戏的人的意识,游戏的真正主体不是参与游戏的个人,而是游戏本身。它不涉及游戏的主体,也不涉及游戏的对象。游戏现象最有特点的因素就是游戏者完全被吸引到游戏中。人们进入对话时,情形也类同,支配对话的不是对话者的自我意志,而是话题本身的规律(logos)。对伽达默尔来说,还有一个与"游戏"相关的概念"节日",而"节日"不过是周期化的扩大了的游戏。众所周知,节日是从日常生活中提升出来的交往经验,它离不开庆祝,节日活动仅仅由于庆祝才存在,它的前提条件就是要有庆祝者的参与。按照伽达默尔的看法,"节日庆典的首要的、活生生的本质在于创造性并使人提升到存在的不同境界",它邀请参与者真正地投入,既不受参与者本身的局限,又不能完全摆脱参与者。如果保持矜持的态度,就会置身于节日庆典之外;如果完全丧失自我,则无任何东西投入到节日中去,节日的意义也就不复存在,更谈不上有什么增殖。从这一点来看,例行的教育学术年会,也可以看作教育研究中的"节日游戏",它应该强化参与意识与开放精神,而不应让参与者"保持矜持的态度"或"丧失自我",这样方能提升教育学术年会的创造

[①] *The Philosophy of Hans—Georg Gadamer*, ed. by L. E. Hahn, Open Court Publishing Company, Chicago 1997. p274.

性并使之增殖。

　　伽达默尔对"游戏"和扩大了的游戏——"节日"——的分析是有着内在联系的,前者侧重于非主观性,后者侧重于参与性。其实无论游戏还是节日,这两点都是渗透其中的。在理论和实践的关系问题上,哲学诠释学的观点是:强调实践,注重参与。伽达默尔的"赞美理论"实际上是赞美实践,实践中始终存在着理论因素。这一点可以得到词源上的证据:"理论"(Theoria)这个词的古希腊文原意是"参与"(Teilhabe)某种祭祀庆祝活动,它和"同在"(Dabeisein)相关联,因为同在即参与或介入。按照这种理解,旁观者的态度或秉持对象化思维的态度并非理论应有的态度。"Theoria是实际的参与,它不是(主观的)行动(tun),而是一种遭受(Pathos),即由观看而来的入迷状态。"①伽达默尔认为,理论就是实践,理论决不只是与实践相对,而且本身是最高的实践,也是人类存在的最高方式。伽达默尔的见解无疑是深刻的,他在一个特定的领域里深化了人们对理论和实践关系的辩证认识。这一点对教育研究中理论与实践的关系的处理是颇有启发意义的。

　　与对话游戏相关联,伽达默尔指出,人文科学的逻辑是问答逻辑,而不是命题逻辑。因为"理解一个问题就是对这个问题提出问题。理解一个意见,就是把它理解为对某个问题的回答"。②伽达默尔对问答逻辑的揭示使诠释学经验不再局限于"面对原文"被动地去"倾听",而是在接受文本的提问的同时也主动地发问。伽达默尔坚信,诠释学意识的真正力量乃是看出问题的能力,问题比回答具有更多的真理。问答逻辑比命题逻辑更本原,后者是以前者为基础的。伽达默尔问答逻辑的观点深刻地说明了诠释学事件是如何在问答辩证法中发生和进行的。这种辩证法突出的是否定性原则,它与近代意义上的方法论有区别,它不是为了形成对某一问题的固定理解,而是通过各种对立观点的交锋、诘难,达到对问题深刻、全面而不是肤浅、狭隘的理解,它不希求对问题有一个圆满的、终极性的回答,不是封闭问题,而是开启问题,从各个方向上、从

---

① [德]伽达默尔著,洪汉鼎译:《真理与方法》,上海译文出版社1992年版,第162页。
② 同上书,第482页。

矛盾的对立面去敞开问题,进而使我们的理解愈趋近"事情本身"。

三、诠释学方法与教育研究

不难发现,诠释学方法是建立在对古典实证主义知识理论彻底批判的基础上的,它以敏锐的视角与激进的话语增进了人文社会科学研究对自身的反省,指出了"循环"、"偏见"、"传统"的合法性,并"对自然科学及其他现实世界的征服者们按照数学公式和科学程序来改造世界的努力表示某种程度的怀疑"①,其中不乏合理的因素,它不仅为我们提供了一种方法论,更为我们对教育研究进行元思考提供了一个重要视角。当我们领会到在"诠释学"如此普通的词汇下蕴涵着如此深刻的思想时,我们对教育研究的反思也就应运而生。

(一) 教育研究中的诠释学循环

教育研究所涉及的问题总是包含着许多部分的整体,而且教育自身也是社会历史文化大背景中的部分。对部分的探究首先必须有对整体的认识,对整体的认识又依赖于对部分的了解。所以,教育研究永远是从整体理解运动到部分探究,又从部分探究运动到整体理解的过程。这就是教育研究中的"诠释学循环"。

传统实证研究方法注重对研究对象进行严密的逻辑分析,以探究其内在的组织结构和因果关系,它难免疏于对事物的整体关系的把握。与此相反,诠释学方法则注重对事物的整体理解,注重探究事物存在的意义和价值。作为一种人文社会科学的独特方法,诠释学循环在教育研究中具有十分重要的价值。

---

① [挪威]斯坦因·U·拉尔森主编,任晓等译:《社会科学理论与方法》,上海人民出版社2002年版,第66、62页。

首先,对教育问题的研究要注意研究对象的整体与部分之间的关系。例如在课程研究中,我们知道,任何课程的设置都是以人的经验为基础的,而人的经验又来自于人的生活与实践。尽管不同的活动可以带来不同的经验,但个体的经验总是作为一个整体而存在,并作为一个整体在各种活动中起作用。在学校教育中,课程与学科是丰富、更新和整合学习经验的过程和媒介,学生从课程中获得的是丰富、完整、统一的经验,而非某种特殊的认识。如果将学生的发展归因为某种特殊的知识和技能,而没有看到学生整体的经验世界的影响,那就曲解了课程的真实内涵,得不到符合实际的研究结论。所以,在教育研究中,我们必须把握研究对象自身的整体与部分之间的关系。从语境分析角度看,这实际上是以教育作为一个分析语境,即"教育内语境",对教育研究对象进行整体与部分"循环"理解,得出研究结论的过程。

其次,在教育研究中,还要注意研究教育与政治、经济、文化、法律之间的关系,注重研究教育与社会历史文化背景之间的互动与联系。从语境分析角度看,这实际上是以社会作为一个分析语境,即"教育的社会语境",对教育研究对象进行整体与部分"循环理解"而得出研究结论的过程。以教育学的研究为例,"教育学的三分科现象"(把教育学分为教育原理、教学论和德育论三个子学科)把整体的、丰富的教育世界分解得支离破碎,为一系列被理想化了的、简单化了的问题寻找不同的解答方案。学科边界内的专家们倾向于把整体的、真实的教育问题从教育大背景中抽象出来,将其置于特定的边界内,置于我们习惯的、受我们已理解的规则支配的、狭小的范围里。教育学这样做时,实际上已背离了真实的教育生活,真实的教育生活要求我们用整体的眼光去看待学科研究的每一个问题。当然,我们的专家确实习惯于学科内的研究,他们无愧于"学科边界内专家"的称号,但他们往往忽视了边界外的现实。他们为了达到自身研究的纯化、专门化,不得不排除很大一部分教育生活。这样做的结果,一方面,研究被限制在各学科的范围里,我们对越来越小的东西知道的越来越多;另一方面,只能使我们的研究者在浩瀚的实践面前削足适履,成为传统研究规范的俘虏。现行教育学在为我们圈定了种种研究界线的同时,也圈定了我们研究的灵活性。我们在教育学研究中看到的是三分学科的高贵与自尊,而不是对现实教育与鲜活的人的敬畏和尊重。森严的学科边界,只能导致教育学知识的分裂,进而导致教育学的落后和教育实践的割裂。① 由此可见,教育研究应该注重把研究对象置于特定的社会历史文化背景中加以考察,在社会与教育的往复循环中把整体理解与部分探究结合起来。

(二) 教育研究中的诠释学经验

按照实证主义的观点,教育研究对象与自然科学的对象并无差异,教育研究应秉持"价值中立"的立场,对教育现象进行客观的、实证化的研究,而不应有主观价值介入。但事实上,教育现象是一种复杂的社会人文现象,其中既包含着客观事实,也包含着价值和意义,它具有历史性和社会性,它的每一部分都脱离不了人类的文化、价值、社会关系和意识形态。把教育现象等同于没有价值参与的自然现象,对教育现象进行客观观察,并以数理语言加以描述的实证研究,是很难将教育现象的历史性和价值性揭示出来的。在这方面,我们曾有过沉重的经验教训。在力主以近代自然科学的研究范式作为任何学科的研究范式,以近代自然科学形成的科学标准作为衡量一切学科的科学标准的科学主义思潮的长期影响下,几代教育研究者中的许多人,总是自觉地以这样的眼光去追求教育研究的"科学性",去寻找教育理论的发展方向。"我们曾期望有一种具有像自然科学那么严密的概念体系的教育理论,它或用推理的方式建构,或用归纳的方式逐级由具体、个别提升到特殊、一般;我们曾期望教育研究能有效地移植自然科学研究方法,从观察、实验、统计分析、定量研究到结论的可检验性、成果的可测量性等等,都成为教育理论科学性的显著指标;我们曾期望研究出来的教育理论能揭示客观规律,能排除价值、意识形态的干扰并具有最大的普适性和永恒性。为此,我们苦苦追求,也为追求不得而时时烦恼,还在追求的过程中渐渐远离了时代和实践,逐渐地形成了相对封闭的状态。"②

---

① 参阅石鸥:《面临考验的教育学边界》,《教育研究》2000 年 第 2 期。
② 叶澜:《世纪初中国教育理论发展的断想》,《华东师范大学学报》(教育科学版)2001 年第 1 期。

其实，自 20 世纪 70 年代以来，西方教育研究领域已发生了深刻的改变：开始由探究普适性的教育规律转向寻求情境化的教育意义。[①] 教育是人为追求由于"时间距离"而形成的"意义"而参与其中的过程，人是教育实践的主体，人的主体意识和价值观念在教育活动起着重要作用。教育活动不同于物质生产活动，它主要是一种精神建构活动，目的在于使受教育者的心灵发生精神浸染或视界融合，形成一个新的视界。由于教育活动具有鲜明的价值倾向，参与教育活动的人是价值负荷体，他们交织在社会历史文化传统的价值体系中，因此，教育中的价值蕴涵是必然的，价值涉入是教育研究中无法回避的，无视这一客观事实本身就不是科学的态度。韦伯(M. Weber)指出，因价值关联而有意义的文化事件总是个别的现象，这不仅指它是一次性发生的事件，因而具有独一无二的性质，而且还意味它始终与特定的价值观念相关联而产生特殊的意义。这种双重的个别性决定了如下一点：人们无法用自然科学的认识方法即建立精确的自然规律的方法来达到文化科学的认识目的。韦伯承认，这样建立起来的规律的确能够发挥某种类似词典的作用，但仅此而已。社会科学兴趣的出发点是围绕我们的社会文化生活的现实的，亦即个别的形态。社会文化生活的实在无论何时都不能从那些规律和因素中推演出来，凭借这些规律也无法使我们达到对于社会文化个体的认识。韦伯进一步指出，价值是生活的命根，"没有价值，我们便不复'生活'，这就是说，没有价值，我们便不复意欲和行动，因为它给我们的意志和行动提供方向。"价值表示人与实在的一种关系。关系一旦消失，价值不复存在。社会科学关于价值的考虑因而有其两面性，一方面，人的生活世界是一个价值丰富的世界；另一方面，这个世界对于每一个个人之所以有价值，是因为人对这个世界取一种价值态度。如果个人不对世界表态，那么生活世界无论多么丰富多彩，对他来说也是毫无价值的——这自然只有抽象

[①] ［加］大卫·杰弗里·史密斯著，郭洋生译：《全球化与后现代教育学》，教育科学出版社 2000 年版，"主编寄语"第 1 页。

的可能性。①

事实上,在教育研究中,研究者以自身对教育的理解已经置身于特定的研究情境之中。在对教育现象进行实证研究之前,研究者已经对教育现象有一定的"前理解"了,而这一"前理解"是他提出问题和进行理论假设的基础。在用数理统计语言进行分析的时候,他必须用日常语言解释和讨论统计结果,这一解释虽然是在研究之后作出的,但实际上包含着研究者对结果理解的意向性和价值判断。可以说,教育研究在理论构建、问题提出、假设建立、语言使用和结果评价等各个环节上,都隐含着研究者对教育现象的理解过程。所以,教育研究者所面对的事实已非纯然自在的教育现象,而是经过理解的"教育传统"。

请不要忘记,任何教育制度、教育政策的制定都包含价值选择,教育方式的确定、教育理想的追求,都内蕴着价值决断。教育研究如果放弃了对价值的追问,放弃了教育与人的价值关联,而进行所谓的"科学研究",那么这样的教育研究成果究竟还有多少真实性可言呢?

(三) 教育研究中的诠释学关系

诠释学关系突出了人与人之间的平等、生成与开放,强调了人与人之间的相遇与对话,充满着伦理意味。在教育研究中,这主要表现为研究者与被研究者的关系以及研究者与研究者之间的关系。

首先,研究者与被研究者的关系不是认识与被认识、利用与被利用的关系,而是理解、生成与相互开放关系。教育的实证化研究将自然科学逻辑作为唯一的研究范式,

---

① 如果说价值关联是社会科学的主观前提和据此而建立的社会科学的特殊方法,那么价值无涉作为经验科学的原则向社会科学提出了客观性的要求:将价值判断从经验科学的认识中剔除出去,划清科学认识与价值判断的界限。这个首先由韦伯提出的社会科学的客观性原则,今天在社会科学领域内依然是广为接受的科学标准。(参阅[德]马克斯·韦伯著,韩水法等译:《社会科学方法论》,中央编译出版社 2002 年版,"汉译本序"第 19 页)事实上,不论社会科学工作者,还是自然科学工作者,他无法摆脱个人的前理解,根本不可能做到价值无涉。

试图通过建立纯粹的事实因果的科学理论与技术模式,进而把握复杂多样的教育现象。殊不知,这种无视教育现象特殊性的研究风格极易造成被研究者的物化或异化,把被研究者当作"它",无视被研究者的存在和需要。只管自己出研究成果,不问他者的生活感受。其实,从知识生产的角度来说,教育研究生产的是一种人文知识,"人文知识在本质上只是某种建议、策略、对话、交往和诱导,因此,人文知识的基本问题不是真理问题,而是幸福问题。""生产一种知识就是策划一种生活。人们希望幸福。某种真理如果不利于幸福,人们就宁愿创造另一种事实以及与之相配的另一种真理。认识虽然重要,但策划幸福更重要,于是关于本质的知识(knowledge of essence)问题就让位给关于幸福的知识(knowledge of happiness)问题。""人文知识与它的知识对象的互动对话关系是人文知识的基本条件,就是说,对他人的承认和来自他人的承认是人文知识的基本条件,因此,人文知识的知识论原则就只能是'他者性原则'而不是'主体性原则'。"[①]所以,研究者不应只顾尊重"主体性原则",刻意追求"关于本质的知识",而忽视"他者性原则",全然忘却"关于幸福的知识"。与被研究者互动、对话、分享幸福,始终应该是教育研究者的基本职业道德。

其次,研究者与研究者之间的关系不是一部分人为另一部分人"立法"的关系,所有的研究者都是"阐释者",处在"我—你"关系之中。按鲍曼(Z. Bauman)的说法,"立法者的角色,由对权威性话语的建构活动构成,这种权威性话语对争执不下的意见纠纷作出仲裁与抉择,并最终决定哪些意见是正确的和应该被遵守的"。[②]而"阐释者角色由形成解释性话语的活动构成,这些解释性话语以某种共同体传统为基础,它的目的就是让形成于此一共同体传统之中的话语,能够被形成于彼一共同体传统之中的知识系统所理解。这一策略并非是为了选择最佳的社会秩序,而是为了促进自主性的共同参与者之间的交往。它所关注的问题是防止交往活动中发生意义的曲解"[③]。因此,"对普遍真理的假设,在阐释者看来是和手上的任务不相干的。他关注的是对谈和

[①] 赵汀阳:《知识,命运和幸福》,《哲学研究》2001年第8期。
[②] [英]齐格蒙·鲍曼著,洪涛译:《立法者与阐释者》,上海人民出版社2000年版,第5页。
[③] 同上书,第6页。

沟通,因而亦关注措辞法",关注"所达成的一致意见的牢固程度"。① 按照罗蒂(R. Rorty)的看法,真理和知识不应被理解为头脑和客体之间的关系(一项外在世界不变的事实及我们对此的认知),而应视为通过交谈、说服而取得关联性意见的能力。科斯洛夫斯基(P. Koslowski)认为,"对话语多样性之必要性的证明始源于所有的知识形式中原于本土的与外来的话语的并存。在哲学与科学中不再只有一种话语,不再只有一种意识的最进步阶段,相反,在历史中,越来越多的话语相继出现。""有些次要话语常常比主导话语更重要,后者也许仅仅是权力的话语。"②这些观点从不同的侧面强调了真理以及对真理的追求的对话性质,所推导的结论必然是,研究者与研究者之间没有尊卑之分,他们享有平等的话语权力,对真理拥有同样的发言权。

由上可见,在教育研究中,关切"关于幸福的知识"并不是少数持有高深专业知识的研究者的特权。假如一个教育研究者认为自己的研究是唯一正确的真理,为此通过一定的手段排斥异己、推行自己的思想,那么,这样无疑会造成对多样性理解的压制;在实践层面,将会导致教育实践的单一化。我们怎样保证表达、怀疑的自由,怎样防止思想的封闭与僵化,怎样防止那些自称掌握了真理的人的权力话语呢?假如现实中有人把对真理的探询当作真理本身,并向人们宣称完美的真理时,现实的不完美便会引来无数的追随者,便会造成思想的独断和道德的偏执。并且,谁宣称掌握了真理,谁就必将把他人的见解当作谬论,就会导向话语霸权,引向思想钳制,因为唯一的真理排斥人们对真理的怀疑,排斥人们对知识的自由探索,排斥其他意见,由此给"真理"和"掌握真理的人"予"立法"地位。明白了这一点,我们就会清楚地意识到该怎样处理上面提出来的问题了。处于劣势地位的研究者也不必自卑,因为"理解从来不是完全静止的精神状态,其特点是它总是处在一个不断拓展视野的、不完全的和有所偏好的过程中。……当我们认识到自己参与了不断渗透的理解过程,就会比认为自己已经完成了

---

① [美]麦克洛斯基等著,许宝强等译:《社会科学的措辞》,生活·读书·新知三联书店 2000 年版,第 162—163 页。
② [德]彼得·科斯洛夫斯基著,毛怡红译:《后现代文化》,中央编译出版社 1999 年版,第 26 页。

这一理智的工作而拥有更完整的自我认识"。更何况,"任何有限的知识都包含了对无限的指涉。"①这也就是说,作为研究者,你当前已有的认识虽然比较肤浅,或许还有不少缺点甚至错误,但它对未知领域的启示意义却是无限的,是不可小觑的。

(四) 教育研究中的诠释学语言

诠释学语言强调理论与实践之间的对话游戏,认为人文学科的研究是一种问答逻辑,而不是命题逻辑。这意味着,在教育研究中,我们对理论与实践关系问题的提问方式应该有一个根本性的转变:理论与实践不是二元对立的,它们之间没有不可逾越的鸿沟,理论研究其实是更高层次的实践,实践在深层上隐含着理论的结构。因此,理论与实践在本质上是一致的,它们的关系可以用一个古老的语词来说明:"实践智慧"。这一语词"提供了一个把'一般'与'特殊'、'道德知识'与'情境行为'、'理论'与'实践'联系起来的至关重要的术语"。"没有'实践智慧',实践理论思维则会堕落成一种智力操练,实践(praxis)和专门技术知识无法区分。缺乏实践智慧这一德行的实际工作者可能懂得在技术意义上怎样实践,但根本不懂在任何道德意义上怎样实践。"②因此,理解道德原则和应用道德原则不是两个分离的过程,而是思与行在持续而辩证的重新建构中相辅相成的构成要素。在实践(praxis,指道德上善的生活形式的行动)中,事实与价值、手段与目的、知识与应用、思维与行动是不能割裂地加以描述的;否则,道德范畴将从教育论述的合理领域中清除出去,把教育导向一种功利性的工具行为,而不是指向合乎道德真义的道德行为。一句话,在诠释学语言中,无论理论还是实践都不是"出类拔萃"的,它们彼此反思性地修正和改变着对方。③

---

① [美]阿尔弗莱德·怀特海著,韩东晖等译:《思想方式》,华夏出版社1999年版,第40—41页。
② [英]W·卡尔:《技术抑或实践?——教育理论的未来》,《华东师范大学学报》(教育科学版)1995年第2期。
③ 伽达默尔在《真理与方法》一书中详细地讨论了理解与应用的关系,国外不少学者关于教育理论与实践的关系的观点受益于此。参阅 J. Elliott: *Educational Theory, Practical Philosophy and Action Research*, British Journal of Educational Studies, 1987, Vol. 35, No. 2.

与我们对理论与实践关系的提问方式的根本性变化相应,我们对问题的回答方式也应该有根本性的变化:不是去解决理论与实践相脱离的问题,而是去回答如何运用"智慧"去"实践"的问题;不是为了形成对某一问题固定的、终极性的理解,而是通过各种对立观点的交锋达到对问题更深刻、更全面的理解。由此,这就给研究者与实践者提出了一种"放逐的"生活要求,研究者与实践者须放逐原有的生活方式而进入一种新的生活方式:研究者与实践者的"对话生活",即研究者的实践生活与实践者的研究生活,或者说,研究者即实践者,实践者即研究者,而不是脱离理论或实践去过一种"专门化"或"专业化"(specialization)的生活。

萨义德(E. W. Said)认为,今天的知识分子已面临着专门化的压力。"专门化意味着昧于建构艺术或知识的原初努力;结果就是无法把知识和艺术视为抉择和决定、献身和联合,而只以冷漠的理论或方法论来看待。……专门化也戕害了兴奋感和发现感,而这两种感受都是知识分子性格中不可或缺的。"[1]更重要的是,专门化的进一步发展便是制度化,而制度化则意味着在研究中以确定的价值观为核心,建立、维持某种确定的行为规则和行为模式,具体体现为行动的标准化、结构化和系统化,其实质是对某种预期的价值通过一定的规则或模式加以合法化的过程。其实,学科的专业化不仅有助于学科的发展,而且有助于研究者在知识领域里取得真正完美的成就。[2] 笔者认为问题总是两面的。在经由"专门化"、"制度化"进而"合法化"的后面,它深层次地隐含着一种"合法化危机",[3]它将导致理论与实践的疏离或不一致,进而对整个教育系统造成危害——理论的与实践的。为此,作为知识分子的研究者与实践者应该具有"放逐者的"思维方式:"具有边缘性,不被驯化,就得要有不同寻常的回应:回应的对象

---

[1] [美]爱德华·W·萨义德著,单德兴译:《知识分子论》,生活·读书·新知三联书店2002年版,第67页。
[2] 李政涛:《教育学科发展中的"制度"与"制度化"问题》,《华东师范大学学报》(教育科学版)2001年第3期。
[3] "合法化危机",这一概念是哈贝马斯仿照经济危机的概念而形成的。根据这一概念,相互矛盾的控制命令是通过行政人员而非参与者的目的理性行为而表现出来的。它们表现为不同的矛盾,直接威胁着系统整合,并进而危及社会整合。参阅哈贝马斯著,刘北成等译:《合法化危机》,上海人民出版社2000年版,第91页。

是旅人过客,而不是有权有势者;是暂时的、有风险的事,而不是习以为常的事;是创新、实验,而不是以威权方式所赋予的现状……回应的不是惯常的逻辑,而是大胆无畏;代表着改变、前进,而不是故步自封。"①

其实,在教育研究中,"促进科学的是健康的对谈,而不是方法论"。"科学倘若有所作为,不是由于方法论,尽管方法论确实存在。"②的确,"对诠释学来说研究是惯常的谈话"③。这一点决定了理论的进步与发展,从根本上说,最重要的不是方法论的更新与转换,而是理论与实践的相互参与与深层结合。伽达默尔说得好:人文科学中本质性的东西既不在主观性,也不在客观性,对它来讲重在参与,而"对话就是对话双方在一起相互参与着以获得真理"④。

综上所述,转换看问题的视角,教育理论与实践关系的问题不是真问题,或者说是一个真实的假问题。我们不应把理论与实践的差异当作问题来处理,而应视为一种阐释性邀请:邀请理论与实践一起对话、游戏和相互参与。这样,教育理论与实践的差异就会消融在古老而富新意的"实践智慧"之中。⑤

尽管研究诠释学方法的学者们在一些具体观点上有些偏激,但他们研究的"理解"取向与对人的精神世界的关注是深刻的,他们所倡导的研究中整体与部分的理解循环、价值涉入的不可回避性、研究中的诠释学关系以及理论与实践相互参与和对话等见解都是值得教育研究借鉴的。当然,诠释学方法的运用相当广泛,借用挪威卑尔根大学戴维·德布里特(D. R. Doublet)教授的话来说:"这里所说的诠释学方法并非仅限于对文字的研究。在很多情况下,诠释学方法是阐释任何文化现象的极好工具。"⑥

---

① [美]爱德华·W. 萨义德著,单德兴译:《知识分子论》,生活·读书·新知三联书店2002年版,第57页。
② [美]麦克洛斯基等著,许宝强等译:《社会科学的措辞》,生活·读书·新知三联书店2000年版,第166页。
③ [美]理查·罗蒂:《从认识论到诠释学》,载洪汉鼎主编《理解与解释——诠释学经典文选》,东方出版社2001年版,第519页。
④ [德]伽达默尔著,夏镇平译:《赞美理论》,上海三联书店1988年版,第69页。
⑤ 在这方面,加拿大阿尔伯塔大学马克斯·范梅南(M. Van Manen)教授作了很好的尝试。参阅[加]马克斯·范梅南著,李树英译:《教学机智——教育智慧的意蕴》,教育科学出版社2001年版。
⑥ [挪威]斯坦因·U. 拉尔森主编,任晓等译:《社会科学理论与方法》,上海人民出版社2002年版,第62页。

第二章
一个教学论难题

　　凯洛夫不知不觉地将"教学是一种特殊的认识活动"这一事实判断跃迁至"教学应培养个性全面发展的人"这一价值判断,这种跃迁既缺乏事实说明,又缺乏理论论证,于是产生了"凯洛夫问题"。"凯洛夫问题"归根结底是事实判断"僭越"价值判断的问题。

对于"教学是什么",古往今来,无数的学者给予了回答,可谓见仁见智。

一、凯洛夫教学论体系

20世纪30年代,以凯洛夫为代表的苏联教育学者,提出了自己独特的见解。他们认为:

> 遵循马克思列宁主义的认识论,我们要使我们对外界的认识,能正确地反映客观现实。
>
> 由于教学的结果,学生应该领会确实的知识体系,就是领会正确反映外界事物与现象以及存在于它们之间的联系的知识体系。
>
> 在这方面,我们在教学过程与科学的认识过程之间,发现了一致之点。所以,列宁所指示的那条路线,乃是认识真理的路线,使学生领会知识为目的的工作,也应该遵照这条路线去进行。
>
> "由生动的直觉到抽象的思维,再由思维到实践,这便是认识真理,认识客观现实的辩证法的路线。"
>
> 这种原理应当作为我们组织教学过程时的指导。
>
> 马克思列宁主义的辩证方法,要求我们考虑所有的"条件、地点和时间"。
>
> 教学不是,也不可能是事实与科学的认识过程完全一致的过程。在教学过程中学生对于现实的认识,具有以下的特征:
>
> 学生领受既知的、为人类所获得的真理(知识)。
>
> 学生经常由有经验的教师来领导。教师是专门为了教育和教学工作造就出来的人。
>
> 在教学过程中,一定要有巩固知识的工作。
>
> 在教学过程中,还包括有计划地实现着的发展每个儿童的智力、道德和体力

的工作。①

从上面的引文不难看出,凯洛夫关于教学的基本观点是:教学是一种特殊的认识过程。由这一基本观点出发,凯洛夫建立了相对完整的教学论体系,即"凯洛夫教学论体系"。② 具体如下:

1. 关于教学目的或任务的说明。在上面的引文中,凯洛夫认为教学的目的和任务是"领会确实的知识体系,就是领会正确反映外界事物与现象以及存在于它们之间的联系的知识体系"。此后,凯洛夫又将教学目的和任务表述为:"我们的普通教育和综合技术教育理论是从培养全面发展的人这一个目的和任务出发的,是从学校教育应该使学生具有一定的系统的知识、技能和技巧,同时应该保证学生认识能力的发展出发的。"③

2. 关于教学过程与环节的说明。教学是一个特殊的认识过程。特殊性表现在:学生的认识是个体认识,以学习间接经验为主;学生的认识活动有教师领导,是精心计划的。基于教学过程的特殊性,教学过程的基本环节是:"一、授予学生并使他们知觉具体的东西(物体、现象、过程的展示与观察,叙述事实,引证实例等)。要在这个基础上造成学生的表象。在这里,知识的源泉乃是:具体的事实本身,物体、现象、过程、事件等的描绘、印刷品(首先是教科书)以及教师的语言等。二、认清(理解)所学习的客体中的相同点与相异点,本质的、主要的和次要的地方,认清原因与结果、相互作用关

---

① [苏]凯洛夫主编,沈颖、南致善译:《教育学》,人民教育出版社1952年版,第60—61页。
② 从教学思想的角度看,凯洛夫并无教学论专著。严格地说,凯洛夫并不是一个教学论专家。"凯洛夫教学论体系"或"凯洛夫教学论思想"这一概念,在本文中是有特定含义的,这是专指他所主编的《教育学》教科书中的教学论思想而言。这部分的篇章不是凯洛夫本人所写(已知的作者有叶希波夫、斯卡特金等),但却是他审定的,在一定程度上体现了他对教学问题的一个主导思想,即通过系统科学知识的掌握,形成学生的共产主义世界观。凯洛夫的这一思想,表述在1949年他在教育科学院会议上所作的一篇题为《关于提高学校教导工作的思想政治水平》的报告中,大意是:掌握符合辩证唯物主义原理的科学知识是思想政治教育的首要方面;把知识转化为青年行为的信念是学校工作的最主要任务;学校里传授的知识应有助于形成决定一个人行为的统一而完整的共产主义世界观。这个思想实质上也是对克鲁普斯卡雅教学思想的阐发,几乎贯穿在他所主编的整部《教育学》教科书中。
③ [苏]凯洛夫主编,陈侠等译:《教育学》,人民教育出版社1957年版,第100页。

系及其他各种联系。三、造成学生的概念。使他们认识定律、定理、规则、主导思想、规范及其他概括。四、使学生牢固地掌握事实与概括的工作(记忆、背诵和一般的巩固知识的工作)。五、技能、熟练技巧的养成和加强。六、用实践来检验知识。把知识应用于包括创造性作业在内的各种课业中。"[1]上述环节简要地说就是：诱导学习动机、感知和理解新教材、巩固知识、运用知识、检查。[2]

3. 关于课程与教学内容的说明。"所谓教养和教学的内容，我们理解为知识、技能、熟练技巧三者的连环，为了适应共产主义教育的目的，使青年参加社会主义社会各种关系复杂的体系，必须把知识、技能、熟练技巧三者传授给他们。教学内容具体表现于教学计划、教学大纲和教科书中。"[3]

4. 关于教学原则的说明。凯洛夫任总主编的1956年版的《教育学》所提出的教学原则有七条：(1)在掌握知识的过程中，学生的自觉性和积极性原则；(2)教学的直观性原则；(3)教学上理论与实际相结合的原则；(4)教学的系统性和连贯性原则；(5)掌握知识的巩固性原则；(6)教学的可接受性原则；(7)在教师对班级进行集体工作的条件下，对学生进行个别指导的原则。[4]

5. 关于教学方法的说明。围绕知识学习，主要运用讲授法、谈话法、演示法等。

6. 关于课的类型的说明。以凯洛夫为总主编的《教育学》按照课的主要教学目的，将它划分为四种基本类型：(1)讲授新教材的课；(2)巩固知识、训练技能技巧的课；(3)检查知识、技能、技巧的课；(4)综合课，达到讲授新教材、巩固知识技能等多种目的。[5]

7. 关于教学检查与评定的说明。以检查知识掌握情况为主要目的，以分数为主

---

[1] [苏]凯洛夫主编,沈颖、南致善译：《教育学》,人民教育出版社1952年版,第61页。
[2] [苏]凯洛夫主编,陈侠等译：《教育学》,人民教育出版社1957年版,第131—145页。
[3] [苏]凯洛夫主编,沈颖、南致善译：《教育学》,人民教育出版社1952年版,第93页。
[4] [苏]凯洛夫总主编：《教育学》(1956),第148—159页。转引自吴文侃主编：《比较教学论》,人民教育出版社1999年版,第169—170页。
[5] 吴文侃主编：《比较教学论》,人民教育出版社1999年版,第347页。

要表现形式的检查与考核。①

不难发现，凯洛夫教学论是围绕知识学习和认识能力的发展进行组织的。在这方面，凯洛夫教学论已经形成了一个相当成熟、稳定的理论体系。华东师范大学叶澜教授将这一体系概括为："教师中心、教科书中心和课堂教学中心的'三中心论'；教学过程由'准备、复习旧课、教授新课、巩固练习、布置家庭作业'组成的'五环节说'；教学本质'特殊认识论'的基本哲学立场，教学中要贯彻学生自觉性、积极性、直观性、理论与实际相结合、系统性和连贯性、巩固性、可接受性等'六大原则'；以讲授法为核心的'九大教学方法'等。"②在一个相当长的时期里，凯洛夫教学论对中小学教学实践来说，由于可操作性强，便于教师掌握，具有不可动摇的"律则"地位，我们不妨称之为"**凯洛夫法则**"。

同时，凯洛夫教学论对我国教学理论发展的影响也是相当深刻的。我国教学论专家王策三教授认为："教学过程确实是一种特殊的认识过程。其任务、内容和整个活动，都是认识世界或对世界的反映。它的特点就在于是学生个体的认识，主要是间接性，有领导的，有教育性的。它在教师的领导下把社会历史经验变为学生个体的精神财富，不仅使学生获得关于客观世界的映像即知识，也使学生整个个性获得发展。如果不把教学过程看作本质上是一种认识过程，就不能把握它的全体甚至会迷失它的方向；如果不具体揭示其特殊性，就会导致简单化、贫乏和偏差。"③这一观点与凯洛夫教学论的观点如出一辙。与凯洛夫不同，我国教学论学者还对教学认识活动进行了专门的研究，取得了许多有价值的成果，于20世纪80年代出版了《教学认识论》等专著，并形成了教学论的一个特定研究领域——"**教学认识论**"。④

---

① [苏]凯洛夫主编，沈颖、南致善译：《教育学》，人民教育出版社1952年版，第202—218页。
② 叶澜：《重建课堂教学过程观》，《教育研究》2002年第10期。叶澜教授关于凯洛夫教学论体系的概括，主要依据的是：[苏]凯洛夫主编，陈侠等译：《教育学》，人民教育出版社1957年版，第130—221页。
③ 王策三著：《教学论稿》，人民教育出版社1985年版，第132页。
④ 北京师范大学教育系编：《教学认识论》，燕山出版社1988年。该书修订本由王策三主编，北京师范大学出版社2002年版。据笔者掌握的资料，关于"教学认识论"的研究，在国内，比较早的是邹有华教授，他的论文《教学认识论》，发表于《课程·教材·教法》1982年第1期，另见瞿葆奎主编，徐勋、施良方选编《教育学文集·教学》（上册），人民教育出版社1988年版，第266—281页。苏联也有学者就教学作为特殊认识过程进行系统研究的专著，如[苏]巴拉诺夫著，赵天译：《论教学本质》，辽宁教育出版社1987年版，等。

应当说，把马列主义认识论引入教学论，这是凯洛夫教学论的一大贡献。从马列主义认识论出发，肯定了学生掌握知识的过程是一个认识过程，指出"学生掌握知识的过程和人类在其历史发展中认识世界的过程具有共同之点"，因而教学过程必须以科学的认识论为指导，进行组织和安排；进而，将教学过程中学生的认识划分为感知教材、理解教材、巩固知识、运用知识等阶段，这是凯洛夫把马列主义认识论应用于教学论的贡献，对此我们不能否定。

凯洛夫不但肯定了教学过程对学生来说是一个认识过程，并进一步强调指出："教学不是、也不可能是与科学的认识过程完全一致的过程"。因为在教学过程中学生是在教师的领导下，掌握书本知识，也就是掌握前人已发现、并根据教学原则进行系统整理出来的书本知识。学生，特别是中小学生，主要的任务是学习和掌握这些已发现的真理，"并不负有发现新的真理的任务"。在一定意义上，凯洛夫教学论区分了学生学习知识的认识过程与科学家发现这些知识的认识过程的不同点，其中不乏合理的因素。

二、一种积极的怀疑论

任何事物都是一分为二的，凯洛夫教学论亦不例外。关于这一点，不少学者发表了看法，孰是孰非，我们暂不考虑。这里拟从美国当代著名哲学家和逻辑学家奎因（Quine, W. V.）关于本体论的区分谈起，以此为工具分析凯洛夫教学论的问题所在。奎因区分了两类本体论问题：一是事实问题，即实际上有什么东西存在的问题；一是承诺问题。他指出：

> 当我探求某个学说或一套理论的本体论承诺时，我所问的是，按照那个理论有什么东西存在。

第二章 一个教学论难题

一个理论的本体论承诺问题,就是按照那个理论有什么东西存在的问题。①

这是两类完全不同的问题。本体论承诺与实际上有什么东西存在无关,而只与我们说有什么东西存在有关,因而归根结底只与语言有关。而实际上有什么东西存在则是一个事实问题,它并不完全取决于语言。所以奎因指出:

一般地说,什么东西存在不依赖于人们对语言的使用,但是人们说什么东西存在,则依赖其对语言的使用。②

奎因认为,在本体论研究中,哲学家有理由退回到语义学水准去考虑问题,即通过语义上溯,避开实际上有什么东西存在这个事实问题,而专注于一个理论说有什么东西存在这个语言问题。因为这样可以避免传统哲学在讨论有什么东西存在时所造成的困境,使本体论争论变成有关语言的争论,从而有助于争论的平息与问题的解决。

但是,当我们研究凯洛夫教学论的时候,完全有必要识别该理论内含的"承诺问题",并追究其"事实问题",而不应仅仅停留在理论"语言"的探究上,因为"事实"与"承诺"毕竟不是一码事,甚至还可能自相矛盾。

让我们先来看看凯洛夫在其主编的《教育学》中所作的**"承诺"**吧:

一是关于教育目的的"承诺"。通览凯洛夫主编的《教育学》,不难发现,以凯洛夫为代表的苏联教育学者是以马克思主义作为哲学基础研究教育学的。在凯洛夫主编的《教育学》第二章中,明确指出以"马克思恩格斯关于个性全面发展的学说"为指导,确定教育目的是培养"个性全面发展的新人"。为此,他们确定教育的基本构成是:"1. 智育;2. 综合技术教育;3. 德育或共产主义道德教育;4. 体育;5. 美育。"他们认为:"包括这一切部门或方面的教育的实现,也就是科学共产主义的创始者所提出的个

---

① Quine, W. V., *The Ways of Paradox and Other Essays*, Columbia University Press, 1976, pp.203-204.
② [美]奎因著,陈启伟等译:《从逻辑的观点看》,上海译文出版社 1987 年版,第 95 页。

性全面发展思想的实现。"由此,他们还进一步确定了智育、综合技术教育、德育、体育和美育的具体任务。① 一句话,他们在其理论中作了培养"个性全面发展的人"的"承诺"。

二是关于教学任务的"承诺"。凯洛夫教学论对教学任务的规定是:"学生领受既知的、为人类所获得的真理(知识)",在教学过程中还"发展每个儿童的智力、道德和体力"。在这一教学任务规定中,包含了知识技能的要求、教学与发展、教学与教育等几方面的任务,应该说,它是比较全面的。联系地看,它与上述教育目的的"承诺"是一致的。也就是说,在本体论承诺上,凯洛夫教学论承诺了通过教学认识活动来实现"人的个性全面发展"的愿望。

检视了凯洛夫教学论的"承诺"之后,让我们再来看看凯洛夫教学论之**"事实"**又如何。

凯洛夫教学论在事实上(理论运用于实践的结果)能不能培养"个性全面发展的人"呢?这一问题可从理论与实践两个层面来回答。

从理论层面看,我国教育学者北京师范大学黄济教授于20世纪80年代曾撰文对凯洛夫教学论进行了评论。黄济先生认为,凯洛夫教学论属于"传统教育"的范畴,又不完全等同于"传统教育"的教学论。主要存在以下五个方面的问题:②

1. 以马克思主义认识论解释教学过程,指出学生的主要任务是学习和掌握已发现的真理,"并不负有发现新的真理的任务"。在中小学的实际中,学生不仅需要创造性地进行学习,就是搞一些小的发明创造也是能够办到的。凯洛夫教学论在这个问题上是有缺陷的,它没有摆脱"传统教育"思想的束缚,因而形成了对学生创造学习的限制。

2. 它对教学过程阶段的划分,也有简单化的问题,没有体现出学生学习间接经验的特点,更反映不出理论思维起指导作用的要求。根据列宁有关认识路线的论述,即

---

① [苏]凯洛夫主编,沈颖、南致善译:《教育学》,人民教育出版社1952年版,第37—43页。
② 黄济著:《简评凯洛夫主编〈教育学〉的教学论思想》,《教育研究》1987年第12期。

由生动的直观到抽象的思维,再由抽象的思维到实践的辩证过程,凯洛夫教学论把教学过程划分为感知教材、理解教材、巩固知识和运用知识(或再增加检查知识)等几个阶段,这反映了教学过程中认识的一般规律。但是,对于教学过程中学生掌握间接经验(知识)的复杂情况,并未完全反映出来;特别是对理解教材阶段的分析过于简单,不能突出在教学过程中理论思维起指导作用的思想,使教学带有经验主义的特点,这对学生智力的发展是很不利的。

3. 凯洛夫教学论对于教学任务的规定,表面上看很全面,但从其思想实质来说,对智力发展的问题,并未放在一个突出的地位上,有自然发展的思想倾向。

4. 关于教学过程中的师生关系,凯洛夫教学论也存在着"传统教育"所遗留下来的片面观点,有对教师的作用过分强调的地方。

5. 凯洛夫教学论在对教学方法和教学组织形式的安排上,虽然提出了一整套理论体系,但这一整套的教学方法和教学组织形式的目的是如何学好书本知识。

不仅在我国,而且在苏联本土,凯洛夫教学论也遭到了众多学者的非议,他们认为凯洛夫的教学论有忽视学生智力发展的问题。[1] 凯洛夫当然不承认这一点,因为在上述教学概念中,对于发展认识能力是有明确规定的。但我们以为,凯洛夫教学论有则有之,却未作为一个重要问题而自觉加以强调,有任其自然发展的思想倾向。在凯洛夫主编的《教育学》中作如是说:"教学使学生能够认识周围世界,同时就发展他们的智力和精神力。"[2] 这种观点,在彼时的苏联,是非常广泛的。不但教育学持此观点,而且心理学中也大有此番论调,诚如斯米尔诺夫主编的《心理学》曾说:"学生在掌握系统知识的同时,也掌握着智力活动(分析、综合、概括),从而也就发展了他们的智力",并且,

---

[1] 例如,苏联教育家赞科夫在其著作《教学论与生活》一书中就指出:"教学任务应当首先而且主要致力于掌握知识和技巧,这大概是无可怀疑的。但是,据我们对教学和发展问题的研究证明,关于尽可能使儿童达到较高的发展水平,应当在教学大纲及教科书中、在教学方法中,当然也应当在教学过程内提出的任务作出专门的规定。"参阅[苏]赞科夫著,俞翔辉、杜殿坤译:《教学论与生活》,教育科学出版社1984年版,第103—104页。
[2] [苏]凯洛夫主编,沈颖、南致善译:《教育学》,人民教育出版社1952年版,第55页。

"随着对愈益复杂、愈益纷繁的教材的掌握,能力也就发展起来"。①

辩证地分析,这些话是有点道理的,但是,它不够全面,以今天的社会发展和学术视野来看,我们可以说,这种观点是有相当的缺陷的。在凯洛夫看来,只要掌握了知识,智力就会自然得到发展,但事实上并非完全如此。研究表明,学生掌握知识与发展智力,既是相关的,又是不完全同步的。②说它们相关,就是说掌握知识是发展智力的基础,无知识,智力就无从发展,认识的广阔性与知识的全面性是密切相关的。说它们不完全同步,就是说知识与智力之间存在着"剪刀差"的问题:如果不是创造性地进行学习,而是死记硬背,知识的增多,不会对智力的发展起任何积极作用。在现实生活中,"读死书、死读书、读书死"的情况并不少见。

更何况,在教学与发展的关系上,不只是要发展智力,还要发展非智力因素。也就是说,在教学过程中,学习不仅需要认识的参与,还需要意向的参加,学习总是"整体的人"的投入。赞科夫提出"一般发展"的概念,用以标示人的全面发展,他说:"一般发展区别于智力发展之处,就在于它的含义中不仅包括认识过程,而且包括意志和情感。""一般发展"这个术语,"揭示发展的这些方面的复杂的相互联系",是"解决人的整体发展问题的最重要的任务之一"。③ 在布鲁姆的教育目标分类学中,也区分了认知、情感和动作技能等领域。这些都说明了在教学中除发展智力以外,非智力因素的发展同样是非常重要的。这不仅因为教学是实现人的个性全面发展的重要途径,而且因为非智力因素的发展,对于智力的发展有着极大的促进作用。

上面是从理论层面来考察凯洛夫教学论之"事实"的。除此之外,我们还可以从实

---

① 黄济著:《简评凯洛夫主编〈教育学〉的教学论思想》,《教育研究》1987年第12期。
② 针对当时人们对掌握了知识就促进了发展的误解,赞科夫提醒教师说:"应当强调说明一下,我们说的正是掌握知识和发展之间的关系,而不是把两者等同起来。其所以要提醒一下这一点,是因为有人常常没有把掌握知识跟儿童的发展区别开来。"([苏]赞科夫著,杜殿坤译:《和教师的谈话》,教育科学出版社1980年版,第212页。)此外,我国也有不少研究证明了这一结论,如段继扬:《掌握知识与发展智力是"同步关系""正比关系"吗》,《教育研究》1982年第4期;宓冶群:《知识与智力不同步增长的机理和对策》,载瞿葆奎主编,施良方、唐晓杰选编:《教育学文集·智育》,人民教育出版社1993年版,第482—484页,等等。
③ [苏]赞科夫著,俞翔辉、杜殿坤译:《教学论与生活》,教育科学出版社1984年版,第15页。

践层面来观察这一"事实"。

叶澜教授基于对中小学课堂教学的深刻观察,在《让课堂焕发生命活力》一文中认为:

> 把丰富复杂、变动不居的课堂教学过程简括为特殊的认识活动,把它从整体的生命活动中抽象、隔离出来,是传统课堂教学观的根本缺陷。它既忽视了作为独立个体、处于不同状态的教师与学生在课堂教学过程中的多种需要与潜在能力,又忽视了作为共同活动体的师生群体,在课堂教学活动中多边多重、多种形式的交互作用和创造能力。这是忽视课堂教学过程中人的因素之突出表现。它使课堂教学变得机械、沉闷和程式化,缺乏生气与乐趣,缺乏对智慧的挑战和对好奇心的刺激,使师生的生命力在课堂中得不到充分发挥,进而使教学本身也成为导致学生厌学、教师厌教的因素,连传统课堂教学视为最主要的认识性任务也不可能得到完全和有效的实现。[1]

笔者以为,叶澜教授的分析是十分中肯的。从"事实"上看,凯洛夫教学论着眼于认知能力的发展,所培养的人充其量只不过是知识丰富的人。个性全面发展的人是知识丰富的人,但知识丰富的人不一定是个性全面发展的人。个性全面发展的人"以一种全面的方式,也就是说,作为一个完整的人占有自己的全面的本质"[2]。诚如联合国教科文组织国际21世纪教育委员会在《学会生存》中所言:"把一个人在体力、智力、情绪、伦理各方面的因素综合起来,使他成为一个完善的人,这就是对教育基本目的的一个广义的界说。"[3]在另一个报告《教育——财富蕴藏其中》中,对人的个性全面发展作了进一步的发挥:"教育应当促进每个人的全面发展,即身心、智力、敏感性、审美意识、

---

[1] 叶澜:《让课堂焕发生命活力》,《教育研究》1997年第9期。
[2] 《马克思恩格斯全集》(第42卷),人民出版社1979年版,第123页。
[3] 联合国教科文组织国际教育发展委员会编著,华东师范大学比较教育研究所译:《学会生存》,上海译文出版社1979年版,第123页。

个人责任感、精神价值等方面的发展。应该使每个人尤其借助于青年时代所受的教育,能够形成一种独立自主的、富有批判精神的思想意识,以及培养自己的判断能力,以便由他自己确定在人生的各种不同的情况下他认为应该做的事情。"①可以说,"个性全面发展的人"内涵是十分丰富的,是我们无法用一两句话就表述清楚的。但有一点,那就是,个性全面发展的人对人生意义有充盈的感受,对文化的极其敏感。

英国教育家怀特海(Whitehead, A. N.)说:"文化是思想活动,是对美和高尚情感的接受。支离破碎的信息或知识与文化毫不相干。一个人仅仅见多识广,他不过是这个世界上最无用而令人讨厌的人。我们要造就的是既有文化又掌握专门知识的人才。专业知识为他们奠定起步的基础,而文化则像哲学和艺术一样将他们引向深奥高远之境。"②在怀特海看来,"教育的目的只有一个主题,那就是五彩缤纷的生活。但我们没有向学生展现生活这个独特的统一体,而是教他们代数、几何、科学、历史,却毫无结果;……以上这些能说代表了生活吗? 充其量只能说那不过是一个神在考虑创造世界时他脑海中飞快浏览的一个目录表,那时他还没有决定如何将他们合为一体。"③怀特海的观点是令人深思的:文化是思想的活动,知识与文化不相干;知识并不代表生活,生活需要智慧。请你相信,很多时候,课堂与知识无关;课堂是一种态度、一种生活,一种富含生命情愫的态度和生活。

联合国教科文组织早在20世纪70年代就指出,单纯的知识教育将"身心之间或物质价值与精神价值之间分为两端——人们周围的这些情况看来都在促使一个人的人格产身分裂"。④ 他们认为:

> 目前教育青年人的方式,对于青年人的训练,人们接收的大量信息——这一

---

① 国际21世纪教育委员会提交的报告,联合国教科文组织总部中文科译:《教育——财富蕴藏其中》,教育科学出版社1996年版,第85页。
② [英]怀特海著,徐汝舟译:《教育的目的》,生活·读书·新知三联书店2002年版,第1页。
③ 联合国教科文组织国际教育发展委员会编著,华东师范大学比较教育研究所译:《学会生存》,上海译文出版社1979年版,第211页。
④ 同上注。

切都有助于人格的分裂。为了训练的目的,一个人的理智认识方面已经被分割得支离破碎,而其他的方面不是被遗忘,就是被忽视;不是被还原到一种胚胎状态,就是随它在无政府状态下发展。为了科学研究和专门化的需要,对许多青年人原来应该进行的充分而全面的培养被弄得残缺不全。为从事某种内容分得很细或者某种效率不高的工作而进行的训练,过高地估计了提高技术才能的重要性而损害了其他更有人性的品质。"①

当然,"这并不是说,获得知识、掌握研究与表达思想的工具,在人的发展中是不重要的。人的好奇心是这类活动和其他活动的根源。其他的活动还有:一个人的观察、试验和对经验与知识进行分类的能力;在讨论过程中表达自己和听取别人意见的能力;从事系统怀疑的能力;不断进行阅读的能力;把科学精神和诗情意境两相结合以探索世界的能力。"②

行文至此,读者或许会认为:拐弯抹角做什么,你无非是要否定、甚至"颠覆"凯洛夫教学论。如果您这样认为,那您就误解了我的用心。一位哲人这样告诫我们:"一种良好表达的怀疑论决不构造激进到危及整个思想的怀疑。"③对于凯洛夫教学论,我所试图表达的也是一种积极的怀疑论,而不是对它进行彻底地否定,更谈不上对它进行"颠覆"。在我看来,无论是理论上还是实践上,凯洛夫教学论的贡献都是巨大的,是第一位的,是任何人都无法抹杀的。在知识的学习方面,凯洛夫教学论是相当成熟的。与此同时,凯洛夫教学论也存在着自身无法克服的几个问题,我们将它称之为"**凯洛夫问题**":

1. 凯洛夫教学论在某种程度上解决了学生个体的认知学习的问题,但对于"教学中的集体过程",对于团体或班级的学习问题却没有很好地解决。"从组织论的角

---

① 联合国教科文组织国际教育发展委员会编著,华东师范大学比较教育研究所译:《学会生存》,上海译文出版社1972年版,第211页。
② 同上注。
③ 赵汀阳:《关于命运的知识》,载赵汀阳著:《赵汀阳自选集》,广西师范大学出版社2000年版,第31页。

度说,教学是凭借'班级集体'展开学习活动的过程,教学过程中的每一个学生的学习是在教师与班友结成的'班级集体'的相互交流中形成的。"教学在很大程度上是一个围绕知识习得的"集体思维"过程,同时又是一个人际接触所构成的"集体生活"本身。"教学这一集体过程拥有两个侧面,一是作为知识的学习、习得的集体思维过程,二是学生们彼此交流人性需求与愿望的集体生活过程。"所谓"集体思维",是"确立尊重集体中的每一个人,凭借集体的力量去支撑每一个人的思考和活动的体制。""班级集体的整个生活过程对于学生来说,是他们作为人的一种实际生活过程,是赋予学生以人格价值的场所。"[①]同时,也是教师的人格魅力的展现场所和专业成长的重要场所。"教学是社会性发展的要素,是一种沟通与合作现象,是语言文化与沟通文化的创造过程,是一切教学论考察的起点。"[②]显然,凯洛夫教学论对于这个"集体生活"过程是缺乏阐释力的,在教学论的起点上出现了漠视"社会性"的一方面。[③]

2. 与第1个问题相关,从知识社会学的观点看,知识是在社会中不断建构起来的,具体存在于人与人之间的活动和交往之中。教学过程中的知识建构过程充满矛盾和斗争,即作为合法化的教科书知识与建基于个人生活经验基础上的教师和学生的个人知识之间的矛盾和斗争,充斥着整个教学过程。在看似客观公正的知识传输背后隐藏着不同权力和利益的斗争。凯洛夫教学论对于知识的社会建构,以及教学过程中的意识形态和价值观缺乏批判性向度,停留于制度性安排层面。

3. 凯洛夫教学论对"知识"概念的理解是相当狭隘的。从"知识型"看,它可以归属于"现代知识型"或"科学知识型",其一般特点是:[④]

[①] 钟启泉编著:《学科教学论基础》,华东师范大学出版社2001年版,第232页。
[②] 同上书,第249页。
[③] 一些教学论学者已经注意到教学认识论的这一问题,提出了要加强教学认识的社会性研究的观点。参阅郭华著:《教学社会性之研究》,教育科学出版社2003年版。
[④] 石中英著:《知识转型与教育改革》,教育科学出版社2001年版,第84页。

表 "科学知识"的特点

知识与认识者	知识与认识对象	知识的陈述	知识与社会
科学家或研究人员是"知识分子",享受认识特权。认识者"反映"客观事物的本质。观察、实验或推理是获得知识的主要途径。	世界是客观的。知识是对客观事物"本质"的揭示。真正的知识是实证的知识,与客观事物的本质相符合。	知识通过特殊的概念、范畴、符号和命题加以表述。数学语言和观察命题是其基本形式。知识具有客观性、确定性、实证性。	为现代社会提供解释世界的模式及形成现代社会的动力。知识是价值中立、文化无涉与非意识形态的。知识是人类公共财富。

凯洛夫教学论所谓"知识"主要是指具有上述特点的"科学知识"。这种知识不包含信念、价值观、态度等在内,具有相当的局限性。凯洛夫教学论解决了知识的学习问题,却无法解释理智以外的情感、意志的发展与培养问题。在凯洛夫教学论体系中,人的道德、情感淹没于知识的海洋,借用澳大利亚学者范登堡(Vandenberg, D.)的话说就是,"教育的道德方面很容易被知识领域同化"[①]。

4. 与上述问题相关,学生的认识能力得到了较为充分的发展,其他能力却处于萎缩状态,结果是与它良好的愿望或理想——"人的个性全面发展"——相违背。人的遗忘,是这一问题的最终所归。"当教育被认为必须培养一个存在着的人,即教育被看作一种人权时,为了从宏观上恰当地阐述学校课程中的知识的作用,则需要一种系统的、规范的理论",以"揭示教育所具有的各种主体间性的和主体的意义,揭示构成教育冲突的各种事件,以及教育现象对人类的意义","奠定选择学科内容、教学程序和教学实践的伦理基础","去掉教育观念的神秘性,揭示它们与社会权力结构的联系"[②]。

上述四个问题归结为一点就是,人的认识能力单向发展与个性全面发展之愿望的矛盾,这正是"凯洛夫问题"的核心。换言之,如果我们把揭示人生的意义看作是认识

---

① [澳]范登堡著,张玲等译:《解释的教育理论与规范的教育理论》,载瞿葆奎主编:《教育学文集·教育与教育学》,人民教育出版社1993年版,第502—531页。
② 同上注。

论的任务,我们就永远不可能把这个意义揭示出来,因为,这个意义在知识上永远是个问题。

三、"凯洛夫问题"的实质

尽管类似凯洛夫这样培养个性全面发展的"完人"理想,"我们几乎在所有的国家,在整个历史过程中,在哲学家和道德学家们那里,在大多数理论家和理想家们那里,都可以找到这个教育理想。它一直是各个时代人道主义思潮的一个根本主题。"[1]但凯洛夫根据马克思主义认识论对教学活动所作的本体论预设——教学是一种特殊的认识活动,从"事实"来看,与其理想相去甚远,是无法实现其美好的愿望的;从理论上看,凯洛夫教学论对教学的解释是不能令人信服与满意的。深入分析"凯洛夫问题"的实质,有利于我们明确凯洛夫教学论所存在的问题,在此基础上进一步把握问题,提出解决问题的思路。

层层剖析"凯洛夫问题",我们发现,对"凯洛夫问题"可以作如下一些解释,或者说"凯洛夫问题"实际上包含如下一些问题。

首先,从目标——手段维度来看,"凯洛夫问题"实际上反映了人类教育理想与教育现实之间的距离。联合国教科文组织国际21世纪教育委员会雅克·德洛尔曾在《教育:必要的乌托邦》一文中指出:"在一个以喧嚣、狂热以及分布不均的经济和科学进步为标志的世纪即将结束,一个前景是忧虑和希望参半的新世纪即将开始的时候,迫切需要所有感到自己负有某种责任的人既能注意教育的目的,也能注意教育的手段。"[2]教育是充满"乌托邦"情怀的,这种情怀也是"必要的",而且它的实现总是以一

---

[1] 联合国教科文组织国际教育发展委员会编著,华东师范大学比较教育研究所译:《学会生存》,上海译文出版社1979年版,第213页。
[2] 国际21世纪教育委员会提交的报告,联合国教科文组织总部中文科译:《教育——财富蕴藏其中》,教育科学出版社1996年版,第1—2页。

定的教育手段为依托的。凯洛夫"乌托邦"的情怀是无可非议的,也是"必要的"。关键是,以教学为主要表现形式的教育,在"凯洛夫"那儿,它所选择的达到培养个性全面发展的人的教育手段或途径是"教学认识","教学认识"在实践中转化为相应的教学现实。很明显,在这一理想与现实之间,还有一段很长的距离。在凯洛夫教学论自身的理论框架内,这是一段无法弥合的距离。在理想与现实之间,凯洛夫教学论实际上有一个核心的假设:知识教学能促进学生的全面发展。而它对这一假设并没有进行充分地论证。实际上,知识教学对学生身心发展的价值是一个需要具体说明和审慎论证的问题,它并不是一个不证自明的问题。

其次,如果立足于理论——实践之维,"凯洛夫问题"所展示的实际上是理论理性与实践理性之间的矛盾。在柏拉图那里,理论理性与实践理性分别被称作"纯粹智力的技艺"和"实用的技艺"。[1] 而将理性明确区分为理论理性与实践理性则是康德的功劳。在康德看来,理论理性是理性的理论运用,实践理性是理性的实践运用,它们是"纯粹理性"的两个方面。[2] 马克思也肯定将理性区分为理论理性与实践理性两种基本形式,认为人类理性归根结底在于认识世界和改造世界:认识世界的观念即理论理性,改造世界的观念即实践理性。[3] 在观念运作上,实践理性指向实践活动,它主要包括如下三个决定性的环节:选择"是什么"的知识、求解"应如何"的问题、制定"怎么做"的方案。[4] 运用这些观点解释"凯洛夫问题",人的个性全面发展理论相对于凯洛夫教学论而言,是理论理性;"教学认识论"或"凯洛夫法则"则是实践理性。根据"实践理性高于理论理性"[5]的原理,不难理解"凯洛夫问题"的关键所在。

关于这一点,英国设菲德大学教育系威尔弗雷德·卡尔(Carr, W.)教授从另一个

---

[1] 《古希腊罗马哲学》,商务印书馆1961年版,第181页。
[2] [德]康德著:《道德形而上学探本》,商务印书馆1959年版,第6页。
[3] 马克思肯定以往哲学家关于理性的分类,但他也严厉批评以往的哲学家对理性所作的先验的唯心的理解,宣告"哲学家只是用不同的方式解释世界,而问题在于改变世界"(《马克思恩格斯选集》第1卷,人民出版社1972年版,第19页),阐明"感觉通过自己的实践直接变成了理论家"(《1844年经济学—哲学手稿》,人民出版社1979年版,第78页)。
[4] 王炳书著:《实践理性论》,武汉大学出版社2002年,第226—242页。
[5] 同上书,第65—68页。

角度切入,很能够说明问题。他认为:"现代科学的理论观已经那么有效地把教育从进行行动(praxis)领域转换到制定行动(poesis)领域,以至于实际上使道德范畴必然从教育论述的合理领域中清除出去。技术化和制度化——现代科学文化的两个核心支柱——有效地保证了现在把教育理解成一种导向功利性目的的工具性行为,而不是一种指向合乎道德目的的道德行为。"①由此观之,凯洛夫教学论是"从进行行动领域转换到制定行动领域"的结果,其中的"文化清除"使得人的个性全面发展理论"作为一种进行行动的教育的概念已变得支离破碎,且很大程度上已经消亡"②。由是,"凯洛夫问题"的出现也是很自然的了。

对问题实质的考察迫使我们对问题作进一步的探究。我们发现,不论是理想与现实的关系,还是理论与实践的关系,这些都只是"凯洛夫问题"的表面征象。笔者以为,在深层处,"凯洛夫问题"内在地是价值论领域中的休谟问题③——事实与价值的关系问题——的具体体现。这就是,立足于价值论,"凯洛夫问题"实质上是事实与价值的关系问题,即从事实判断能否推导出价值判断的问题,以及这种推理的基础和根据问题。具体地说,凯洛夫所提出的是由"是"或"不是"为连系词的事实判断,能否推出由"应该"或"不应该"为连系词的伦理判断或规范判断的问题;如果能够推出来,那么这种推导的根据或理由是什么。换句话说,"教学是一种特殊的认识活动",这是一个事实判断。由此出发,能否推出"教学应该培养个性全面发展的人"这一价值判断呢?推导的依据又是什么呢?显然,推理的成立是有困难的,更是逻辑上难以证明的。在这点上,凯洛夫教学论恰恰认为这是一个无需证明的自明性命题。在"自明"的背后,恰恰留下了一处致命的"硬伤"。这就是说,凯洛夫不知不觉地将"教学是一种特殊的认

---

① [英]W·卡尔著,袁文辉译:《技术抑或实践——教育理论的未来》,《华东师范大学学报》(教育科学版)1995年第2期。
② 同上注。
③ 价值论领域中的休谟问题,即事实与价值的关系问题,是休谟在论述道德并非理性的对象时提出来的。休谟认为,在以往的道德学体系中,普遍存在着一种思想跃迁,即从"是"或"不是"为连系词的事实命题,向以"应该"或"不应该"为连系词的伦理命题跃迁,而且这种跃迁是不知不觉发生的,既缺乏说明,亦缺乏逻辑上的根据和论证。参阅孙伟平著:《事实与价值——休谟问题及其解决尝试》,中国社会科学出版社2000年版,第1—7页。

识活动"这一事实判断跃迁至"教学应培养个性全面发展的人"这一价值判断,这种跃迁既缺乏事实说明,又缺乏理论论证,于是产生了"凯洛夫问题"。因此,我们认为,"凯洛夫问题"归根结底是事实判断"僭越"价值判断的问题。

第三章
教学的诠释学取向

如果我们把认识论看作是检视教学的"知识眼光",那么诠释学就可以视为检视教学的"创作眼光"。在这里,"知识眼光"实际上是一种抽象的人的眼光,是基于理智抽象的理性人的眼光;而"创作眼光"实际上是活动着的、生成着的人的眼光,是走向全面的人与丰富的生活的眼光。

近些年来,围绕"教学认识论"所存在的问题——"凯洛夫问题"——学界展开了激烈地讨论。从总体上看,这场讨论主要表现为"发展说"和"取代说"两种观点的对峙与消长。[①] 应该说,这场讨论是积极的、热烈的,也是有益的。本书不打算就这些讨论进行评说,仅想提出解决"凯洛夫问题"的"另一种思路"——从"认识论"到"诠释学"的转变,从以"知识"作为教学取向到以"意义"作为教学取向的更新。

一、从认识论到诠释学

(一) 关于"认识论"与"诠释学"

为了便于讨论,首先需要对"认识论"和"诠释学"进行界定,并对其中涉及的教学论问题进行评说。

从笔者所掌握的资料来看,"认识论"的使用语境主要是在心理学领域和哲学领域。下面围绕这两个领域中的"认识论"问题进行分析。

心理学领域,认识论主要是有关知识增长及发展的理论、个人建构的知识结构、学习理论和学习的一般条件。认识论在很大程度上涉及常规知识的本质、结构、发展,主要关注个体知者与他的学习的关系。[②]

哲学领域,人们一般认为,认识论是对人类认识的认识和研究。这里,人类认识既

[①] 关于"教学认识论"问题的讨论,本文认为主要有"发展说"和"取代说"两种观点,是依据王本陆的论文《教学认识论:被取代还是发展》(《教育研究》1999年第1期)来划分的。在实际讨论过程中,并没有论者明确提出"取代说",但作者在行文中隐含了这层意思。笔者以为,坚持"发展说"的,主要有王本陆《教学认识论三题》(《教育研究》2001年第11期)、郭华《当前教学论的焦点论题研究》(《南京师大学报》(社科版)2001年第3期)等;认为"教学认识论"存在严重问题,坚持"取代说"的,主要有叶澜《让课堂焕发生命活力》(《教育研究》1997年第9期)、迟艳杰《教学本体论的转换》(《教育研究》2001年第5期)以及李定仁、张广君《教学本质问题的比较研究》(《华东师范大学学报》(教育科学版)1997年第3期)等。
[②] [美]莱斯利·P·斯特弗、杰里·盖尔主编,高文等译:《教育中的建构主义》,华东师范大学出版社2002年版,第352页。

可指主体活动的过程,又可指主体反映世界的结果。因此,认识论研究的范围相应地也可以概括为两个方面:1. 人类认识活动的一般过程及其规律;2. 人类认识活动的成果即知识的形成、发展和运用。[①]

在实际的认识论研究中,我们不可能将认识活动和知识这两方面完全分开,不能只研究认识活动的过程而不涉及活动的结果;或离开了认识活动的过程去研究知识的形成、发展和运用,由此形成认识论的两个截然不同的部分。因为,知识的形成发展和运用与认识活动的发展是同一个过程。一个完整的具体认识活动必然达到一定的结果,或在观念领域内形成、建构知识体系,或在实践领域内把知识对象化为客观存在物,以满足人们的需要。

当然,对认识活动和作为活动结果的知识的研究,有时可以相对地分开,但总的说来,认识论的研究应该将这二者结合起来。近代以来的西方哲学主要研究知识的形成、范围、本质以及知识陈述的可靠性等问题,当代西方哲学家注重对知识的意义进行分析,侧重于从认识的结果研究人类认识。如国外有学者即认为,"哲学上的认识论是知识论的同义词,是知识的逻辑分类及其判断的基础。其中,既关系到个体知者主观知识的保证,也涉及常规知识的保证。传统上强调知会陈述性语句对错的重要性,这导致基础主义试图建立绝对正确的客观知识体系……哲学中,知识有别于信仰,后者是无依据的知识。与心理学不同的是,信仰弱于知识。"[②]相对而言,这主要是从人类认识的成果即知识的角度来考察认识论的。

我们认为,作为认识论对象的人类认识同时包括了活动与结果。作为哲学的一个具体门类,认识论既是"认识活动论",又是"知识论"。认识论有其独特的论域和问题系列。就基本方面而言,认识论所要研究的问题是:认识的起源(包括个体起源和人类起源)、认识的可能性、认识的结构和方法、认识过程及其基本类型、认识结果的检验等

---

① 田心铭著:《认识的反思》,人民出版社2000年版,第9—10页。
② 在心理学中,在主观的个人承诺方面,信念强于知识;在判断的正确性方面,知识强于信念。参阅[美]莱斯利·P·斯特弗、杰里·盖尔主编,高文等译:《教育中的建构主义》,华东师范大学出版社2002年版,第352页。

问题。不难发现,认识论有其不可移易的元价值:它本质上乃是求真的学问,它要确定人们在认识过程中如何才能获得真理,其终极目的是认识与认识对象的符合。无法想象,失去这终极目的和元价值的所谓认识论还有什么存在意义。

因此,认识论是有限的,不具备哲学的完满性。它研究的是主客体关系,但主客体关系却不能完全容纳于认识论之中。囿于自身的元价值,认识论所研究的只能是主客体之间的特殊关系——认识关系。认识关系是主客体之间的一种同构和匹配关系。主客体之间除了认识关系之外还发生着多重关系,如功利关系、审美关系、伦理关系及其他价值关系等。当然认识论在研究主客体间的认识关系时,不可避免地涉及其他关系,涉及主客体之间真善美等多重意蕴的联系问题。但是,认识论是在自身求真这一元价值的阈限下来研究主客体之间的其他关系的。

20世纪80年代末90年代初,认识论一度成为我国哲学研究的热点。在这场"认识论热"中出现了一种值得注意的"泛认识论倾向"①。这种倾向没有看到认识论的有限性,企图在认识论范域内解决超认识论的,或不完全属于认识论范域的问题,泛化认识论的界限,以认识论研究取代其他哲学研究。

值得注意的是,"泛认识论倾向"在教学论研究中也有所反映。肇始于20世纪80年代,至今仍显生机的"教学认识论"研究即有非常鲜明的"泛认识论倾向"。② 教学认识论的研究者表现出一种强烈的"纳入意识":将各种理论与实践中的新概念、新问题统统纳入"教学认识论"中。③ 以教学社会性问题的研究为例,④很明显,教学认识的社

---

① 丁立群著:《认识论能包容一切吗?》,载丁立群著:《哲学、实践与终极关怀》,黑龙江人民出版社2000年版,第107—112页。
② 如王策三主编:《教学认识论》(修订本)(北京师范大学出版社2002年版)、王本陆:《教学认识论三题》,(《教育研究》2001年第11期)、郭华:《当前教学论的焦点论题研究》(《南京师大学报》(社科版)2001年第3期)等。
③ 张广君先生已敏锐地指出并详细地分析了这个问题。参阅张广君:《反思·定位·回归:论教学认识论》,《西北师大学报》(社科版)2002年第5期。
④ 郭华:《研究教学认识的社会性是教学论的重要任务》,《教育研究》2000年第6期;郭华:《教学交往研究的教学论意义》,《教育科学》2001年第2期。这些观点集中体现在郭华著:《教学社会性之研究》,教育科学出版社2003年版。

会性不能等同于教学的社会性。教学存在本身就是文化的存在、社会的存在,仅仅从"认识的社会性"这个角度、这个层面来研究教学的社会性问题,试图将结构、社会规范、交往互动、学校组织、群体文化、道德伦理、情感生活等等,全部纳入"教学认识论"之中,以保证作为教学本质抽象的"教学认识"本身具有逻辑上的最高层次性和内在一致性,这显然是不可能的。我们认为,只有重新审视并确认"教学认识论"的理论基础——"特殊认识说"的具体理论价值,才能从根本上保证"教学认识论"的合理定位。"特殊认识说"在我国作为改革开放初期整个社会从漠视科学、鄙视知识转而走向普遍重视知识、渴求文化的历史背景下成型并取得主导地位的一种理论,二十年来在我国教学理论与实践的发展过程中起到了不可磨灭的理论指导作用。它立足于教学中的认识方面,为教学完成基本的认识性任务提供了较为有效的理论指导和思维范式。在对教学中的"认识"问题的研究上,是较为系统的,为后续的相关研究与实践奠定了理论基础。但我们也不能不看到,这种理论毕竟只涉及教学的一个方面、一个层次、一部分质的抽象规定。"认识"范畴并不能彻底地说明和解释整个教学实践活动。

简要地讨论了"认识论"及其相关的教学论问题之后,让我们再来看看"诠释学"。

关于"诠释学",美国当代学者帕尔默(Palmer, R. E.)在《诠释学:狄尔泰、海德格尔和伽达默尔的解释理论》一书中从性质和作用的角度作了六种界定:(1)作为圣经注释理论;(2)一般文献学方法论;(3)一切语言理解的科学;(4)人文科学的方法论基础;(5)存在和存在理解的现象学;(6)重新恢复和破坏偶像的解释系统。[①] 我国学者洪汉鼎亦提出诠释学的六种性质规定,与帕尔默的差别在于最后一种规定,帕氏主要根据利科尔(Ricoeur, P.)的观点,而洪氏则主要依据伽达默尔(Gadamer, H.-G.)的观点,认为作为实践哲学的诠释学是 20 世纪诠释学的最高发展。在洪先生看来,诠释学传统从词源上来说至少包含三个要素,即理解、解释(含翻译)和应用的统一。所谓统一,就是说它们三者互不分离,没有前后之别,即不是先有理解而后有解释,也不是理解在

---

① See Palmer, R. E., Hermeneutics: Interpretation Theory in Schleiermacher, Dilthey, Heidegger, and Gadamer, Evanston, Northwestern University Press, 1982. 另见洪汉鼎主编:《理解与解释——诠释学经典文选》,东方出版社 2001 年版,"编者引言"第 20 页。

前而应用在后。解释就是理解,应用也是理解,理解的本质就是解释和应用。传统诠释学把三个要素称之为技巧,即理解的技巧、解释的技巧和应用的技巧。这里所谓技巧,与其说是我们可以支配的方法,不如说是一种需要特殊精神所造就的能力或实践。总之,对于"诠释学"一词,我们至少要把握它四个方面的意义,即理解、解释、应用和实践能力,而最后一方面的意义说明它主要不是一种方法,而是实践智慧。①

关于诠释学的历史发展,有学者认为,诠释学存在下述三次重大的转向:②第一次转向是从特殊诠释学到普遍诠释学的转向,或者说,从局部诠释学到一般诠释学的转向。第二次转向是从方法论诠释学到本体论诠释学的转向,或者说,从认识论到哲学的转向。第三次转向是从单纯作为本体论哲学的诠释学到作为实践哲学的诠释学的转向,或者说,从单纯作为理论哲学的诠释学到作为理论和实践双重任务的诠释学转向。

今天,诠释学获得了一个更深层次的发展。围绕意义理解问题,当代诠释学作了很多有益的探索。我们可以从"个体"与"社会"两个维度横向总体把握当代诠释学的发展。

1. 意义理解的个体之维。海德格尔认为,"在"的意义问题,即存在者遭遇存在的方式问题,发生于知识论之先。理解不是单纯的心理行为,不只是主体面对客体的认知活动,而首先是此在的存在方式,就是"与事物打交道"。对此在之"在"的意义理解不可能始于对此在"共在"的思考,此在与他人"共在"的世界不是本真世界,而恰恰是对"此在"之"在"的意义的遮蔽。理解所涉及的不是去掌握某一个事实或与他人达成某种一致性,而是去阐释存在的可能性。因此,理解具有"筹划性质",它使此在的存在具有"能在"的特征,此在的存在方式是"筹划着的被抛状态",具有主动与被动双重性。③

伽达默尔试图通过研究理解的条件和特点来阐明作为此在的人在传统、历史和世

---

① 洪汉鼎:《诠释学与中国》,《文史哲》2003年第1期。
② 洪汉鼎著:《诠释学——它的历史和当代发展》,人民出版社2001年版,第27—29页。
③ 洪汉鼎著:《诠释学——它的历史和当代发展》,人民出版社2001年版,第200页。

界中的经验以及人的语言本性,"在一切世界知识和世界定向中找出理解的因素,以此证明诠释学的普遍性"[①]。他肯定了"偏见"是人的历史存在状态,是一切理解的基本前提。真正的理解不是去克服偏见,而是正确地评论和适应偏见。抛弃偏见,摆脱传统,返回原意的追求,实际上是通过抹杀自我来达到客观的理解。在他看来,理解决不是"所与"对象的主观行为,而是受制于、又参与着被理解的东西的存在,是人的世界经验的一种基本形式:人在理解中表现的是人与自己的历史、文化和传统及未来的存在上的关系。理解在每时每刻都汇合着历史与存在、现在与将来,并参与着人的历史的存在与变化,理解本身是一种"视野融合"。意义和理解者的理解一起处于不断的生成过程中。理解本质上是一种效果历史的关系。一切理解者和理解活动就是从这种效果历史中产生出来并受制于它的。任何理解都不可能是纯粹客观、保持价值中立的,不存在永恒的法则和尺度,它只意味着人对自身存在的历史性的体验。伽达默尔指出,诠释学的普遍性就是存在的语言性。存在通过语言来体现,语言是人类存在的模式。理解不能归结为面对外在客体的认知活动,而是一种意义阐释行为。被理解物的意义就积淀在语言之中,或它们自身就是语言。"即是说,它像'你'一样从自身说话。传统不是一个对象,它更像对话中的另一个人。"[②]理解总是一种对话形式,是一个语言事件。

现象学诠释学大师利科尔不同意海德格尔和伽达默尔跨越认识论和方法论,直抵存在问题,直接从本体论上展示存在的意义的诠释学方向。在他看来,哲学诠释学本体论取向至少造成了两种理论困难:一是回避方法论,径直讨论存在问题,造成方法论的贫困;二是作为致知之途的认识论被遮蔽,缺乏应有的理论建树。为校正哲学诠释学的这一缺陷与偏颇,利科尔从古典诠释学、近代语言哲学及现象学中汲取营养,揭示意义理解的具体机制。利科尔认为,要解决"如何理解"这一方法论问题,必须廓清理解的本体论基础。从根本上看,理解是人的存在方式。也就是说,人在反思自身存在、

[①] 章启群著:《意义本体论——哲学诠释学》,上海译文出版社2002年版,第88页。
[②] 伽达默尔语,转引自[美]霍埃著,兰金仁译:《批评的循环》,辽宁人民出版社1987年版,第77页。

反思历史之时,必须首先接受这一存在上的事实:"首先,他已在这个世界中,然后是理解、解释和表达。"①利科尔区分了书面文本与口头话语。口头话语发生于当下的对话情景,其意义在对话中比较明确。而书面文本则由于远离了言谈的实际情景,存在着一些与口头话语不同的特征或"疏异化间距"。它一旦由作者创作出来,便具有了一个自主的意义世界,不但拒绝读者对它任意曲解,甚至连作者也只能以读者身份去进行理解。正是读者的理解,文本的意义才得以开放,从而获得自身的生命。立足于语言的功能分析,利科尔有效地说明了理解的认识论机制。与结构主义语言学重视"结构",强调言谈只有在语言的整体结构关系中才能获得意义的结构主义方法不同,利科尔更关注语言的"功能",强调以功能方法解释语言系统的必要性。正是借助语言功能分析方法,我们才能说明对意义理解的具体机制。因为语言所表达的对象、事件、境况,并不是相应符合语言的结构,而是在突破语言的结构;言语自身作为一个在时间中进行的事件,使语言具有了进入现实的动态功能:语言总是通过"言语"或"谈话"不断地突破其原有的界限、规则与结构,形成一个开放的世界,显示出强烈的自我超越性。② 因此,从功能的角度看,"个人理解虽然是语言的,却永远处于心意层出不穷的思想状态,思想也永远不会被冻结在固定的语言规律中。"③

当代哲学诠释学的发展,从追问"存在"的海德格尔,到关注"理解"的伽达默尔,到揭示意义理解的具体机制的利科尔,均凸现了意义理解这一诠释学取向。在诠释学本体论转向的基础上,他们从各自的角度较为完整地讨论了意义的存在、意义的客观性和历史性、意义理解的过程和方法等一系列的重大问题。不过,无论是海德格尔,还是伽达默尔以及利科尔,他们还只是从个体生存与个体理解内在相关的维度揭示了意义

---

① [法]利科尔:《权力之问题》,转引自殷鼎著:《理解的命运——解释学初论》,生活·读书·新知三联书店1988年版,第295页。
② "谈话是一种这样的行为,通过谈话,讲话者在对他人讲述关于某物的意图中,克服了符号世界的封闭性。谈话是一种这样的行为,通过它语言超越作为符号的自身,走向它的参照物,走向语言所能接触的东西。"参见[法]利科尔:《结构、词项、事件》,转引自殷鼎著:《理解的命运——解释学初论》,生活·读书·新知三联书店1988年版,第188页。
③ 殷鼎著:《理解的命运——解释学初论》,生活·读书·新知三联书店1988年版,第188页。

理解的实际性质；一切理解都是自我理解。无疑，这些思想是值得肯定的。但是，把意义理解仅限于个体层面，强调个体的存在意义，而且，他们所谓的"人的存在"，还只是指人的精神存在，这与马克思所说的以实践为基础的人的全面发展，在广度与深度上还有相当的距离。这是我们必须注意的。

2. 意义理解的社会之维。从诠释学的发展看，真正关注意义理解的社会维度，弥补哲学诠释学这一缺憾的是当代著名哲学家尤尔根·哈贝马斯。他以交往行动理论为基础，整合诠释学与批判理论，提出了"批判诠释学"，对意义理解的社会性质以及如何达到合理的共识性理解等一系列问题提出了自己的看法。

在哈贝马斯看来，"语言也是统治和社会权力的媒介。它服务于组织力量的关系的合法化，""语言也是意识形态。问题不在于语言中存在着欺骗，而在于语言就是欺骗"。[1] 因此，共识性理解只有在"意识形态批判"的前提下才是可能的，真正的理解是在无强制性的语言交往中实现的。否则，意见一致只是虚假的幻象，共识性理解只是没有主体的伪共识。

哈贝马斯不仅关注理解的一致性或社会性，还把如何有效达到共识性理解作为自己的研究重点。他认为，意义理解只有在无强制性交往的一般要求的约束下才是可能的。这样的一般要求是：可领会性、真实性、正确性和真诚性。所谓可领会性，是就言说者的语言而言，必须选择一个可领会的表达，以便言说者与听者能够相互理解；所谓真实性，是就言说者陈述的内容而言，必须真实可靠，以便听者能分享其知识；所谓正确性，是就言说者的话语而言，必须选择得当，与被社会所认可的规范背景一致，以便听者能够接受；所谓真诚性，是就言说者的表达而言，必须与其意向相对应，以便听者能充分信任言说者的话语。[2] 哈贝马斯指出，言语交往满足了可领会性、真实性、正确性和真诚性，人们之间就具有某种主体间性，就能达到相互理解、共享知识、彼此信任，欣然接受对方的观点。值得注意的是，哈贝马斯上述无强制性交往的一般要求并不是

---

[1] Habermas, J., *On the Logic of the Social Sciences*. The MIT Press, Cambridge, Massachusetts, USA, 1988, p.172.
[2] [德]哈贝马斯著，张树博译：《交往与社会进化》，重庆出版社1989年版，第3页。

在具体语境中展开理解的规则,而是在一切可能语境中使理解得以可能的"普遍语用学"规则,带有明显的先验主义色彩。

哈贝马斯认为,人类的认识受"兴趣"的支配,不同的"兴趣"为不同的认识的意义域建立了不同的参照系:经验—分析科学具有技术的兴趣,历史—解释科学具有实践的兴趣,而批判理论则体现着解放的兴趣。[①] 技术的兴趣是人们试图通过技术占有或支配外部世界的兴趣。它的意向是把人类从自然界的强制中解放出来。实践的兴趣是维护人际间的相互理解以及确保人的共同性的兴趣,它是精神科学研究的原动力,目的是把人从僵死的意识形态的依附关系中解放出来,确保个人和集团的自我理解以及个人和集团的相互理解。解放的兴趣是人类对自由、独立和主体性的兴趣,其目的就是把"主体从依附于对象化的力量中解放出来"。它的目标是在人与人之间建立一种没有压制的交往关系和取得一种普遍的共识。

从上面的分析可见,意义理解的社会维度是哈贝马斯批判诠释学关注的焦点,理解不仅仅是个体的自我理解过程,理解始终包含着与他人的相互理解,并保持相应的主体间性。这样的理解是一种无强制性的理想交往形式及其结果,是以意识形态批判为前提的。通过批判而展开的理想交往,达到人的相互理解、意见一致,既具有指向社会实践的合理性,又是理解社会化过程的重要环节。

当代诠释学由于自身的实践性、多元性和开放性,往往与后现代思潮相联系,成为后现代思潮中的学术亮点。在一定意义上说,现代与后现代的区分是确定性与非确定性、绝对性与相对性、理性与非理性的区分。诠释学作为后现代思潮是一种积极的后现代思潮。与消极的后现代思潮不同,诠释学并不把非确定性视为不可能性,非确定性实际上是解释的相对性、意义的开放性和真理的多元性,而不是解释的不可能性、意义的不可能性和真理的不可能性。

20世纪80年代初,诠释学即引起我国学者的注意。如今,诠释学对我国学术界来说已不再陌生,它已在四个领域拉开了中国化的研究序幕:西方诠释学的研究和介

[①] [德]哈贝马斯著,郭官义、李黎译:《认识与兴趣》,学林出版社1999年版,"译者前言"第12—13页。

绍、关于诠释学与中国经典注释结合的研究、对马克思实践诠释学[①]的研究、诠释学向人文社会科学各学科的渗透。从教育领域来看,自狄尔泰、斯普朗格、福利特纳等将诠释学引入教育学的研究以来,诠释学在教育研究中的运用已经成为西方一道独特的、亮丽的风景线。[②] 在我国,从教育哲学的研究到教学理论的探讨,从教育研究方法论的探究到教师专业发展的思考,诠释学均有相当的反映。[③] 更为可贵的是,还有学者以诠释学的理解理论为基础,创立了实施素质教育的具体模型——理解教育,并进行了大面积的教育实验,取得了可喜的成绩。[④]

(二)"一种文化首先意味着一种眼光"——视角的转变

"一种文化首先意味着一种眼光",一位哲人如是说,"眼光不同,对所有事情的理

[①] 俞吾金先生认为,在马克思本人的著作中,虽然从未出现过 Hermeneutik 这个词,但并不意味着马克思没有诠释学理论。俞先生的研究表明,马克思不仅创立了一种独特的理解和解释理论,即实践诠释学,而且他的这一理论在诠释学的发展史上理应占据重要位置。俞吾金著:《实践诠释学——重新解读马克思哲学与一般哲学理论》,云南人民出版社 2001 年版,第 5 页。

[②] 关于狄尔泰、斯普朗格和福利特纳等人诠释学教育学思想,请参阅邹进著《现代德国文化教育学》,山西教育出版社 1992 年版。其他学者的研究,如 Sainsbury, M. , *Meaning, Communication and Understanding in the Classroom*, (Printed and Bound in Great Britain by Athenaeum Press Ltd. , 1992); Gallagher, S. , *Hermeneutics and Education*. (Albany: State University of New York Press, 1992);加拿大大卫·杰弗里·史密斯著《全球化与后现代教育学》(教育科学出版社 2000 年版)等。

[③] 查阅国内近几年的教育文献,此类论文比比皆是,而且还有明显加剧的势头,如鲁洁:《人对人的理解——道德教育的基础》(《教育研究》2000 年第 7 期)、张天宝:《关于理解与教育的理论思考》(《教育实验与研究》2000 年第 5 期)、刘良华:《教育行动研究——解释学的观点》(《教育理论与实践》2001 年第 11 期)、熊川武:《论理解性教学》(《课程·教材·教法》2002 年第 2 期)、刘志军:《走向理解的教学评价初探》(《教育理论与实践》2002 年第 5 期)等;就专著而言,如邹进著:《现代德国文化教育学》(山西教育出版社 1992 年版),金生鈜著:《理解与教育——走向哲学解释学的教育哲学导论》(教育科学出版社 1997 年版),叶澜著:《教育研究方法论初探》(上海教育出版社 1999 年版)第六章部分内容,靳玉乐著:《课程研究方法论》(西南师范大学出版社 2000 年版)第三章部分内容等。

[④] 关于理解教育实验研究之进展,请参阅鲍东明:《可贵的理解教育》,《中国教育报》2001 年 10 月 26 日第 4 版;陈骁:《熊川武和他的理解教育》,《上海教育》2002 年第 2 期;熊川武、江玲:《"理解教育"的道路》,《人民教育》2002 年第 10 期等。

解就不同"。① 当我们从"认识论"转向"诠释学"的时候,检视教学的"眼光"发生了怎样的变化呢?或者说,立基于当代诠释学,我们的视角有何变化呢?

如果我们把认识论看作是检视教学的"知识眼光"的话,那么诠释学就可以视为检视教学的"创作眼光"。② 在这里,"知识眼光"实际上是一种抽象的人的眼光,是基于理智抽象的理性人的眼光;而"创作眼光"实际上是活动着的、生成着的人的眼光,是走向全面的人与丰富的生活的眼光。

我国一位学者认为,现代主流哲学对知识以及知识论思维模式的强调促使思想分化为知识,人类思想大面积地分科知识化的结果是,知识几乎吞掉了思想,人类对自身的理解失去了思想性(在海德格尔看来则是连诗带思一起被埋葬了)。思想失去思想性,一个显眼的危害就是失去精神诱惑和精神渴望。如果任何事情都只不过是知识体系中的一个对象,一个部件,甚至人也如此,那么将失去想象余地,而仅仅是个预制品,我们对人、对事物无法再有什么精神渴望,不管人还是事物都不再是个精神诱惑。知识化是对魅力的消解。韦伯讨论过"自然的祛魅",其实更加严重的祛魅是"人的祛魅"。消除人的精神诱惑和人对人的精神渴望实质上是人的"精神毁容",被知识切割重组的人是没脸的,精神毁容破坏了人的(精神上的)"脸"。列维纳曾经指出脸代表人的尊严,我与你的关系不是去研究你而是去与你会面。有趣的是,现代哲学虽然从神的立场转向并强调人的立场,但却没有使用肉体人的眼光(在文化和生活中具体化了的人的欲望、感觉和需要),而用的是机器人的眼光,因此反而虚构了人的生活和思想要求。简单地说,作为现代哲学基调的"知识论眼光"只不过是盗版的神的眼光(神创造一切,人认识一切)。知识论眼光错误地鼓励了人文社会思想的知识化,把人理解为无面目的抽象个体,把社会和生活理解为机械化、量化、标准化、模型化的认识和管理对象。这种可统一管理的抽象个体及其生活所表达的恰恰是神的目的,而不是人的目

---

① 赵汀阳:《从知识眼光到创作眼光》,载赵汀阳著:《赵汀阳自选集》,广西师范大学出版社2000年版,第33—72页。
② "知识眼光"、"创作眼光"系赵汀阳的说法。参阅赵汀阳:《从知识眼光到创作眼光》,载赵汀阳著:《赵汀阳自选集》,广西师范大学出版社2000年版,第33—72页。

的,因为只有神才对一种规则、一种心灵、一种面目的无聊人类生活感兴趣。① 法国思想家帕斯卡尔(Pascal,B.)充满自信地说:"思想——人的全部尊严就在于思想。"②这些观点无一例外地强调了思想、精神之于人的重要价值。从教学实践的角度来说,对思想、精神的追求毫无疑问地比知识更为本位、更为重要。在教学中,"如果我们把揭示人生的意义看作是认识论的任务,我们就永远不可能把这个意义揭示出来,因为,这个意义在知识上永远是个问题。"③

其实,人是现实活动着、创造着的存在物,他是通过自己的实践活动,自己创造出自己来的:人自身的活动,就是人之为人的根据。恩格斯指出:"人是唯一能够由于劳动而摆脱纯粹的动物状态的动物——他的正常状态是和他的意识相适应的,而且是要由他自己创造出来的。"④当然,人在通过自己的活动创造自身的同时,也改变了外部世界,使它变成"为人的存在"即属人世界。而且,实践是人所特有的存在方式,人通过这种活动不断改造周围外部世界的同时,又不断地丰富着自己的内部世界,发展着自己的本质特征,使人之为人永远处于一种生成、创造状态。

当我们把眼光投向活动着的、生成着的人以及他所生活着的感性世界的时候,就能获得对人与世界、人与人的关系的全新把握,获得关于教学实践活动之于人的全面生成与超越的全新理解,获得求解"凯洛夫问题"的一把钥匙。从这里出发,可以看到,教学中,人的生成与创造既是确定性的,又是非确定性的,是二者的统一过程。一方面,生成是非预定的、创造的,是无止境的;另一方面,它又是确定的,这表现为:(1)生成虽然是无限的,但每一特定的生成却是有限的,特定历史条件总是制约着生成所可能达到的水平;(2)生成虽是创造,是对已有东西的否定的超越,但它同时是继承,是一个叠加的过程;(3)生成虽是非预定的,但生成却也不是没有指向,生成的受动性或历史条件就规定着生成的可能和方向。

---

① 赵汀阳:《关于命运的知识》,载赵汀阳著:《赵汀阳自选集》,广西师范大学出版社 2000 年版,第 1—32 页。
② [法]帕斯卡尔著,何兆武译:《思想录》,商务印书馆 1985 年版,第 164 页。
③ 金生鈜:《理解与教育——走向哲学解释学的教育哲学导论》,教育科学出版社 1997 年版,第 65 页。
④ 《马克思恩格斯全集》(第 20 卷),人民出版社 1971 年,第 535—536 页。

马克思关于人的个性全面发展学说,既表达了人类解放的旨趣,即对人的全面发展的价值理想;又表达了人类解放的历程,即对人的全面发展的实现过程的揭示;也表达了人类解放的尺度,即以人的全面发展的价值标准,观照人类全部历史活动和整个历史进程。① 因此,应从解放的旨趣、历程和尺度统一的角度,完整地理解马克思关于人的全面发展的学说。

1. 解放的旨趣。把人类奋斗的最高理想定位为人类自身的解放,这首先意味着马克思对真正的"以人为本"的价值理想的承诺——把人从一切"非人"或"异化"的存在状态中"解放"出来的价值理想的承诺。在《〈黑格尔法哲学批判〉导言》中,马克思明确地把自己对人类解放的价值理想表述为:"对宗教的批判最后归结为人是人的最高本质这样一个学说,从而也归结为这样一条绝对命令:必须推翻那些使人成为受屈辱、被奴役、被遗弃和被蔑视的东西的一切关系。"②在《1844年经济学——哲学手稿》中,马克思指出:"劳动所生产的对象,即劳动产品,作为异己的东西,作为不依赖于生产者的力量,是同劳动对立的。劳动产品是固定在对象中的、物化为对象的劳动,是劳动的对象化。劳动的现实化就是劳动的对象化。在国民经济学以之为前提的那种状态下,劳动的这种现实化表现为劳动者的非现实化,对象化表现为对象的丧失和为对象的所奴役,占有表现为异化、外化。"③正是这种"异化劳动把自我活动、自由活动贬低为手段,从而把人的类的生活变成维持人的肉体生存的手段",造成了"人从人那里的异化";而"当人与自己本身相对立的时候,那么其他人也与他对立";因此,"人从他的类的本质异化出去这一命题,说的是一个人从其他人异化出去,以及他们中的每个人都从人的本质异化出去"。④ 正是针对人类这种"非人"的或"异化"的存在状态,马克思不仅把自己的价值理想定位为人类的解放,而且把人类解放的价值理想确定为每

---

① 孙正聿:《人的解放的旨趣、历程和尺度——关于马克思人的全面发展学说的思考》,《学术月刊》2002年第1期。
② 《马克思恩格斯选集》(第1卷),人民出版社1972年版,第9页。
③ 马克思著:《1844年经济学—哲学手稿》,刘丕坤译,人民出版社1979年版,第44页。
④ 马克思著:《1844年经济学—哲学手稿》,刘丕坤译,人民出版社1979年版,第51—52页。

个人的全面发展,即以"每个人的自由发展"为条件的"一切人的自由发展"①。

2. 解放的历程。对于马克思所承诺和追求的人的全面发展的价值理想,人们的评价历来是迥然不同的。以宾克莱为代表,承认马克思的人的全面发展的价值理想的"道德号召力",而否认马克思所揭示的实现这一价值理想的"历史必然道路",②这不仅仅是一种由来已久的学术思潮,而且形成一种影响广泛的社会思潮。马克思的人的全面发展的价值理想奠基于马克思对人的特殊的生命活动即"生活活动"的理解,但是,马克思所理解的"生活活动"并不是某种抽象的、不变的"人性",而是这种"生活活动"的"目的性"与"历史性"的统一。马克思说:"一旦人已经存在,人,作为人类历史的经常的前提,也是人类历史的经常的产物和结果,而人只有作为自己本身的产物和结果才成为前提。"③马克思在这里所揭示的是人的特殊的"生活活动"的辩证法,是这种"生活活动"所构成的人类特有的"历史"的辩证法,这个辩证法回答了"人们自己创造自己的历史"与"历史发展的客观规律"之间的辩证关系,从而也回答了人类的"理想追求"与"历史必然道路"之间的辩证关系。马克思所说的人的全面发展的价值理想是一个现实的、而非虚幻的历史过程,它只是人类的最高理想,却非人类历史的终点。因为,"全面"是一个理论上可以设想,但在现实中却永远也不存在的东西,它只是人的生成方向,一种动力,一种否定,不断否定、消解现实中已达到的"全面",将其贬为片面,促使其走向新的生成。马克思提出,在人类追求自己目的的历史活动中,人类自身的存在表现为三大历史形态,即与自然经济相适应的"人的依赖关系"、与市场经济形态相适应的"以物的依赖性为基础的人的独立性"和"建立在个人全面发展和他们共同的社会生产能力成为他们的社会财富这一基础上的自由个性"。④ 所以马克思认为:"人

---

① 《马克思恩格斯选集》(第1卷),人民出版社1972年版,第273页。
② 宾克莱提出:"马克思对于我们今天的吸引力乃是一个道德的预言","作为我们选择世界观时的以为有影响的预言家的马克思永世长存,而作为经济学家和历史必然道路的预言家的马克思则已经降到只能引起历史兴趣的被人遗忘的地步"。参阅[美]L·J·宾克莱著,马元德等译:《理想的冲突——西方社会中变化着的价值观念》,商务印书馆1983年版,第106页。
③ 《马克思恩格斯全集》(第26卷),人民出版社1974年版,第545页。
④ 《马克思恩格斯全集》(第46卷)(上),人民出版社1974年版,第102—104页。

不是在某一规定上再生产自己,而是生产出他的全面性,不是力求停留在某种已经变成的东西上,而是处在变易的绝对运动之中。"①

3. 解放的尺度。马克思关于人的全面发展理想其实是人的终极关怀,是一种信念,是反观和校正人类自己的历史活动的根据、标准和尺度。我们要以马克思关于人的全面发展的价值理想去引导和规范人们的实践活动,自觉地把教育教学过程引导成为以"每个人的自由发展"为条件的"一切人的自由发展"的过程。

现阶段,教育过程中的人的个性全面发展目标并不是抽象的、遥不可及的。联合国教科文组织1972年发表的《学会生存》对当代社会人的个性全面发展作了一个明确的表达:"人类发展的目的在于使人完善:使他的人格丰富多彩,表达方式复杂多样;使他作为一个人,作为一个家庭和社会的成员,作为一个公民和生产者、技术发明者和有创造性的理想家,来承担各种不同的责任。"②这一思想表达在《教育——财富蕴藏其中》这篇报告中又有了新的发挥:"教育的基本作用,似乎比任何时候都更在于保证人人享有他们充分发挥自己的才能和尽可能牢牢掌握自己的命运而需要的思想、判断、感情和想象力方面的自由。"③从这里不难发现,教育领域中的人的个性全面发展理想是具体的、生动的,并非遥不可及,当然,亦非随手可就。

以人的个性全面发展作为教学实践活动的指向,这并不是一个"解放的神话",而是"解放"的真实内涵、现实道路和价值尺度。人总是以更全面的方式展示自身的,以人的个性全面发展为指向实际上也是以生成人本身为指向。教学实践活动的价值和意义就体现在这种生成之中,人的自由也就在于他能够不断地自我生成。

总之,诠释学眼光是实际活动着的、生成着的人的眼光,是一种人的个性全面发展的"创作眼光"。

---

① 《马克思恩格斯全集》(第46卷)(上),人民出版社1974年版,第486页。
② 联合国教科文组织国际教育发展委员会编著,华东师范大学比较教育研究所译:《学会生存》,上海译文出版社1979年版,"呈送报告"函第2页。
③ 国际21世纪教育委员会提交的报告,联合国教科文组织总部中文科译:《教育——财富蕴藏其中》,教育科学出版社1996年版,第85页。

(三)"一种眼光意味着一种智慧"——思维方式的转换

"一种眼光意味着一种智慧。可以说,眼光总是'哲学的'眼光。眼光决定了价值和意义",仍然是那位哲人深邃的思想,"哲学的眼光是关于整个文化的基本感觉"。[①] 从"认识论"到"诠释学",我们对教学这种文化的"基本感觉"有何变化呢? 或者说,基于当代诠释学,我们的思维方式有何变化呢?

"认识论"的思维方式是一种实体的、客体的、抽象的思维方式。它对教学的"基本感觉"是,教学是实体性的存在物,排斥人的主体性,以形而上学的观点而不是动态发展的观点看待教学,既不能正确解释教学事实,又不能充分理解教学意义。"知识论思维虽然使人获得理性化的力量,但同时又是一种使人'麻木化'(anaesthetic)的思维。这意味着我们远还没有理解人。"[②]因此,我们有必要在思维方式上完成某种转换——从一种抽象的思维方式向一种保持生活的素朴性的思维方式转换。

与"认识论"的思维方式不同,"诠释学"的思维方式是一种实践的、人学的思维方式。从根源上说,实践的、人学的思维方式不过是作为实际活动着的、生成着的人的生存方式、行为方式的反映。具体说来,这种思维方式具有如下一些内容与特征:

1. 这种思维是一种"关系性思维"。这种思维方式不是一般地把对象、客体放在某种自然或社会的联系中,也不只是简单地去思考对象、客体之间的某种关系。这种"关系性思维",首先是因为实践是作为一种关系——人的对象性关系的运动——而存在的。依照马克思的观点,实践是人自觉地变革世界、创造价值的目的性活动,在这种活动中,人一方面改造了外部世界,使之成为人的活动客体;同时也改造了人自身,使之成为人自身活动的主体。在这种活动中,作为主体的人不断地以物的方式去和对象发生关系,打破了原有的自然世界的秩序与状态,使原来只有单一自然关系的世界,变

[①] 赵汀阳:《从知识眼光到创作眼光》,载赵汀阳著:《赵汀阳自选集》,广西师范大学出版社2000年版,第33—72页。
[②] 赵汀阳:《关于命运的知识》,载赵汀阳著:《赵汀阳自选集》,广西师范大学出版社2000年版,第1—32页。

成了具有双重关系即属人关系的世界,使存在出现了自然与属人、主体与客体、主观与客观、现实与理想等种种矛盾对立。作为一种思维方式,"关系性思维"要求我们对任何对象的思考,都应置于"诠释学处境"即现实实践关系中去进行,置于人与世界、主体与客体的全面关系中去进行,把握其实质和发展趋势。

2. 这种思维是一种"主体性思维"。所谓主体性思维,即是"从主体方面去理解"主客体之间的关系的思维。实践作为人所特有的生存与活动方式,使人和世界的关系发生了逆转:原来的自然存在物是一个自在的存在,现在变成了"属人的"或"为人的"存在;原来自然是自身变化的主体,现在变成人的活动的客体,等等。实践逆转了人与物的关系,使人上升到具有实践活动的主动性地位。因此,基于实践诠释学,要求我们对教学实践活动也要"从主体方面去理解",去分析和解决教学中的实际问题。

3. 这种思维是一种"生成性思维"。实践不是一个一成不变的、本质预定的存在物,而是一个不断生成的、创造性的过程:生活本身即是过程,即是生成与创造。因此,以"诠释学"的思维方式看问题就是要求用生成的或历史的眼光看世界与人,把人看成一个不断生成与创造的过程,把世界视为不断拓展和超越的过程。这样,我们便不再认为存在绝对的真理,也不再迷信任何所谓的权威;我们就会相信"教育即解放"的信条,更加重视教学的内在生活过程,把握这个内在过程的"解放的力量"。

"当我们面向事物和世界,思想是知识性的;当我们面向自身的存在,思想是创造性的。这是两种问题。旧哲学的错误就在于,它以为这两种思想是一种思想,而且都是知识性思想。因此它不仅要认识世界还要认识自己(苏格拉底就认为要'认识你自己')。"[1]"诠释学"作为一种实践的、人学的思维方式,与"认识论""面向事物和世界"的知识取向根本不同,它首先要求在由人的实践所创造的人与世界、主体与客体的动态关系中把握教学,要"从主体方面理解"教学,直面"我们自身的存在",把教学视为"属人的"或"为人的"实践活动,重视教学的内在生成过程。以此种思维方式去"感觉"教学,"凯洛夫问题"就不再是一个不可解决或无从下手的教学论难题。

---

[1] 赵汀阳著:《一个或所有问题》,江西教育出版社1998年版,第5页。

第三章 教学的诠释学取向

二、教学的诠释学取向

维特根斯坦(Luding Wittgenstein)认为：

> 洞见或透识隐藏于深处的棘手问题是艰难的，因为如果只是把握这一棘手问题的表层，它就会维持原状，仍然得不到解决。因此，必须把它"连根拔起"，使它彻底地暴露出来，这就要求我们以一种新的方式来思考。这一变化具有决定意义，打个比方说，这就像从炼金术的思维方式过渡到化学的思维方式一样。难以确立的正是这种新的思维方式。一旦新的思维方式得以确立，旧的问题就会消失；实际上人们会很难再意识到这些旧的问题。因为这些问题是与我们的表达方式相伴随的，一旦我们用一种新的形式来表达自己的观点，旧的问题就会连同旧的语言外套一起被抛弃。①

维特根斯坦的话总是那么富有哲理，让人回味。思维方式从"认识论"到"诠释学"转换之后，"旧的问题"——"凯洛夫问题"——"消失"了吗？在新的表达方式中，教学论的语言有何变化？

理查·罗蒂认为，"诠释学不是'另一种认知方式'——作为与（预测性）'说明'对立的'理解'。最好把它看成是另一种对付世界的方式。"②以"诠释学"作为"另一种对付世界的方式"，即意味着确立一种新的思维方式，意味着随之而来的"元叙述"的革命性转换和新命题的果敢确立。当我们用"诠释学"语言来表达教学论的观点时，"旧的

---

① [法]皮埃尔·布迪厄、[美]华康德著，李猛、李康译：《实践与反思——反思社会学导引》，中央编译出版社1998年版，第1—2页。
② [美]理查·罗蒂著，李幼蒸译：《从认识论到诠释学》，载洪汉鼎主编《理解与解释——诠释学经典文选》，东方出版社2001年版，第516—552页。

59

问题就会连同旧的语言外套一起被抛弃"!

(一)"诠释学"语言

语言是哲学的窗口,不同的哲学有不同的语言;语言不同,哲学观自然也有差异。

"认识论"的标志性语言是"认识",它以认识现象为对象,在思维和存在的关系层次上研究人的主观世界同客观世界的关系。与此不同,"诠释学"以理解现象为对象,它的标志性语言是"理解"。在日常意义上,我们并不需要对理解和认识作出区分,而是经常混同使用。作为人的主观性活动,理解与认识本质上是一致的,广义的认识就是理解。但是,我们一旦进入诠释学领域,作为诠释学对象的"理解"与作为认识论对象的"认识"就有了明显的区别。

在诠释学发展史上,无论是认识论诠释学或方法论诠释学,还是本体论诠释学,也不管是主张"意义重建说"、"意义创造说",还是主张"实用说",他们都有一个基本的共识:理解的对象是人的作品或历史流传物(文本)。文本的意义不是文本的物质载体所固有的,而是人赋予的,是人理解的结果。因此,理解是人类特有的精神现象,是人对文本意义的把握。不难发现,理解的对象文本具有双重性质,它是物质形式及其意义的统一。一方面,任何文本都有一定的物质存在形式,是一定的"物"或符号;另一方面,这种物质形式代表一定的意义,理解的真正对象是符号所代表的意义,物质载体对理解本身不产生原则性的影响。认识的对象则是存在物本身。存在物是外在于认识主体的,是不以人的意志为转移的。认识论正是在思维与存在的关系上来使用"认识"这一范畴的,言下之意是,思维与存在具有同一性,人的思维能够能动地反映存在,思维对存在的反映即是认识。认识指向主观世界之外的客观世界,因而,认识的对象是客观存在物本身。

由对象所决定,认识的形式是主观的,内容是客观的,认识的性质是主观对客观的反映。而对理解现象来说,理解的对象实质上是一定的意识,理解的内容来源不同于认识的内容来源,理解的内容来源于"思想"(动词)。因此,理解的实质是交流、沟通的过程和结果,而不是主观之于客观的反映。对象不仅决定着性质,也决定了目的和任务。认识的目的和任务是把握事物的属性、关系,把握事物的本质,把握事物运动变化发展的规律。认识所要把握的东西是事物本身所固有的,是从属于存在物本身而非外加的。理解的目的与任务是把握文本的意义,它包含两重性:一方面是把握文本的意思(meaning),另一方面是把握文本意义和价值(significance)。理解把握的东西并不是固有的,而是人赋予的,是视界融合的结果。我们可以举一个例子说明理解和认识在这方面的区别:

> 一部《论语》,把握其中的思想是理解的目的,至于它是刻在竹片还是木片上,则与理解本身无关,根据竹片或木片的碳化程度探知这一文本已存在多少历史年代,甚而至于采用何种文字以说明《论语》的影响广度,这是认识的问题。文本表达作者的思想是什么,这是理解问题;作者为什么会有这一思想,作者为什么采取这样的表达方式而没有采取其他的表达方式,就成了认识的问题。①

总之,理解与认识在研究对象、任务等方面均存在区别。因此,我们不能把认识论融入诠释学,用诠释学来代替认识论;也不能把认识论的理论原则套用于诠释学,作为诠释学的理论原则。从前者来看,表现为片面扩大诠释学的理论地位,消解认识论的独特价值。理解和认识有很多共性,诠释学与认识论的有些理论原则也是相通的,在日常意义上,理解与认识混用影响不是很大。但是,在思维与存在的关系问题上,用诠释学代替认识论,就会导致唯心主义的立场。② 从后者来看,表现为把认识论的理论原则套用于诠释学,作为诠释学的理论原则,典型的例子是把实践作为检验理解客观性的唯一标准,如此等等。

---

① 庄友刚著:《"理解"与"认识"——论解释学与认识论研究对象的区别》,《苏州大学学报》(哲社版)2002年第2期。
② 在诠释学发展史上,本体论诠释学就有以诠释学取代认识论的思想倾向,其直接的后果是,有"唯心主义"之倾向。

"理解"是诠释学的标志性语言,也是诠释学的一个核心概念。正如大卫·杰弗里·史密斯所言:"诠释学意在表明意义是怎样'网在一起的',要求我们用符合生态学和普遍性(ecumenical)的方式来谈论生活。其任务是'理解',而'理解'的特性一直是诠释学费尽心血予以阐明的东西。"[1]随着诠释学研究重心的转变,"理解"的内涵也发生了很大的变化。

1. 在认识论意义上,理解即认识,[2]它是"避免误解的艺术"。在古希腊,古典诠释学中的"理解"就是去发现、揭示那些已假定蕴藏在圣经中的上帝的意图。文艺复兴以后,诠释学转变为适用于整个古代文化和各个领域的普遍的解释规则。"哪里有误解,哪里就有诠释学"[3],"理解和解释就是认识和领悟"[4],理解就是由理解者在心理上重新体验作品和作者的心境与精神状态,实现对作者与作品的精神世界的重建与复制。

2. 在方法论意义上,理解即人认识、理解自己的独特方式。在狄尔泰看来,"自然需要说明,人则需要理解。"[5]也就是说,对自然物只能说明;而对人,则只能通过理解的方式,借助于想象、体验、直觉和移情等,进入人的精神世界,体味出人生的价值和意义。理解者通过理解他物、他人而完成自我理解,"在你中再发现我自己"[6]。

3. 在本体论意义上,理解即人的存在方式本身。在海德格尔那里,诠释学导

---

[1] [美]大卫·杰弗里·史密斯著,郭洋生译:《全球化与后现代教育学》,教育科学出版社2000年版,第132页。
[2] 值得注意的是,对"理解"的研究并非诠释学的"专利"。在洛克(J. Locke, 1632—1704)的著作《人类理解论》中、莱布尼茨(G. W. Leibniz, 1646—1716)在《人类理解新论》中、斯宾诺莎(B. Spinoza, 1632—1677)在《理解改进论》中、休谟(D. Hume, 1711—1776)在《人类理解研究》中,都对理解问题作了研究,不过,他们均是从认识论角度对"理解"进行研究的,他们的理解观实际上是认识论或知识论。因此,在一定意义上,我们也可以将认识论视为一种理解观,即科学理解观,它是旨在导引人们追求关于客体本质和客体规律的科学知识,然后利用这些知识去征服自然并控制社会的理解观。参阅刘少杰著:《理解的追寻——实践理解论引论》,吉林大学出版社1994年版,第9—42页。
[3] 王岳川著:《现象学与解释学文论》,山东教育出版社1999年版,第170页。
[4] [德]弗里德里希·阿斯特著,洪汉鼎译:《诠释学》(1808),载洪汉鼎主编:《理解与解释——诠释学经典文选》,东方出版社2001年版,第1—21页。
[5] 殷鼎著:《理解的命运——解释学初论》,生活·读书·新知三联书店1988年版,第240页。
[6] 同上书,第239页。

向了关涉人的存在意义的本体论方向,理解是"此在"之本身。伽达默尔继承了海德格尔的思想,认为诠释学首先是本体论,它所要回答的根本问题是"理解何以可能"。这样,理解就是一个"视野融合"的过程,是一个"我—你"对话的真理敞亮过程。

不难发现,诠释学所展示的理解观具有浓厚的人文主义色彩,它在导引人们自我理解和相互理解,促进人类自我完善与和谐相处,实现人类自我教化(Bildung)方面,具有重要价值。在很大程度上,我们可以把诠释学的理解观视为人文理解观。[①] 当然,不论是认识论、方法论、还是本体论意义上的诠释学之"理解",都只是个体精神生命的实现过程。而"社会生活本质上是实践的",理解归根结底是实践的理解。社会生活中的种种问题以及对社会问题产生的种种理论误解,"都能在人的实践中以及对这个实践的理解中得到合理的解决"[②]。其必然结论是,理解既是对实践的理解,又是实践的参与行为;或者说,理解既是对人生的理解,又是人生的参与行为。如此,"知"与"行"便是一个互动的过程;如此,我们就有必要从实践的高度,也就是说,有必要从马克思实践诠释学的角度,认识"理解"。明确这一点,对我们进一步探讨本书的核心概念"教学理解"颇有意义。

(二) 教学理解:一个确认中的概念

什么是教学理解呢?这是一个有待确认的概念。在笔者看来,教学理解是日常理解的主题化[③],是课堂情境中的师生对"教学"的理解,是"实践的理解"之一种,具有直接现实性、人本性和原初总体性。教学是一种人为的存在,是实体、过程、关系的统一

---

① 刘少杰著:《理解的追寻——实践理解论引论》,吉林大学出版社1994年版,第23—58页。
② 《马克思恩格斯选集》(第1卷),人民出版社1972年版,第18页。
③ 日常理解发生和存在于日常生活之中,它在人类理解活动中的基础地位根源于日常生活在人类生活中的基础地位。(参阅刘少杰著:《理解的追寻——实践理解论引论》,吉林大学出版社1994年版,第94页。)很明显,教学理解可以视为日常理解的提升与分化。

体。在一定意义上,教学还是"以课程内容为中介的师生双方教与学的共同活动"[①]。那么,教学理解的具体对象是什么呢?这里有两种不同的观点:第一种观点认为,教学理解的对象是包含实体、过程和关系在内的整个教学事件;第二种观点认为教学理解的对象是课程教材中的知识内容。很明显,前者的理解对象涵涉面比较广,是广义的教学理解;后者的理解对象相对较窄,它仅仅关注到了教学理解的一个方面,可以视为狭义的教学理解。

从现实情况看,"教学"可以看作是师生在具体课堂情境中对内容的创造与意义的建构过程,"一个课程开发过程"[②]、"一系列课程事件"[③]发生过程,由师生交互作用而产生的"一种不断生成的建构"[④],身处其中,内容被持续生成与转化,意义被不断建构与提升。在这里,"课程不再是一个事物,也不仅是一个过程。它成为一个动词,一种行动,一种社会实践,一种私人的意义,一种公共的希望。课程不只是我们劳作的场所,也是我们劳作的成果,在转变我们的同时也转变自身。"[⑤]在课堂情境中,教学是由一系列书面的、口头的、行为的"文本"所构成的课程事件。我们认为,教学理解即是对这些"课程事件"进行理解,从而生成教学意义,实现教学主体自我超越与生成的过程。这一观点与约翰·杜威(John Dewey)的教育观有一致之处。杜威说:"教育就是经验的不断改造或改组"[⑥]、"教育即生长"、"教育即生活"、"教育是一个社会的过程"。[⑦] 在课堂情境中,教学作为一个整体的经验事件被改造或改组,即被理解;在课堂情境中,

---

① 顾明远主编:《教育大辞典》(简编本),上海教育出版社 1999 年版,第 185 页。
② Grundy, S., *Curriculum: Product or Praxis?* The Falmer Press. 1987, p. 508.
③ Posner, G. J., *Models of Curriculum Planning. In The Curriculum: Problems, Politics, and Possibilities*, edited by L. E. Beyer & M. W. Apple, Albaty: State University of New York Press, 1988, pp.77 – 97.
④ Zumwalt, K. K., *Beginning Professional Teachers: The Need for a Curricular Vision of Teaching*, edited by Maynard C. Reynolds, Oxford, England: Pergamon, 1989, p. 176.
⑤ [美]威廉·F·派纳、威廉·M·雷诺兹等著,张华等译:《理解课程——历史与当代课程话语研究导论》,教育科学出版社 2003 年,第 868 页。
⑥ [美]杜威著,王承绪译:《民主主义与教育》,人民教育出版社 1990 年版,第 82 页。
⑦ [美]杜威著:《我的教育信条》、《学校与社会》,载杜威著,赵祥麟等译:《学校与社会·明日之学校》,人民教育出版社 1994 年版。

经验的理解"既能增加经验的意义,又能提高指导后来经验进程的能力"[1],这实际上是教学的"生长"涵义之一;随着意义的生长,人也文化地生成;在课堂情境中,教学不是单纯的知识学习或理解,而是对整个教学生活过程和事件即"课程事件"的理解;不是被动理解,而是参与其中,成为理解者与被理解者——这里面有教师对学生的理解,也有学生对教师的理解、学生与学生之间的理解;有教师对自己参与其中的课程事件的理解,也有学生对自己参与其中的课程事件的理解,等等。对学生而言,如英国学者圣斯伯利(Sainsbury,M.)所说:"有意义的经验的所有形式之间都是相互依存的,向孩子们提供接触相同材料的各种各样的方式,在建构某种理解——该理解象征着一种在不同背景下运用新意义的能力——的过程中,他们的谈话、思考、观察和行动都能够相互补充。"[2]对教师而言,如加拿大学者范梅南(Max van Manen)所言:"教育学理解总是与特别的、具体的情境有关。教育学理解又是交互式的。它不是一种抽象的、孤立的理解形式,必须要转换成实际的行动。教育学理解本身就是实际的理解:对孩子在具体情境中生存和成长的一种实际的阐释学。教育学理解又涉及什么对孩子才是最好的;换句话说,它又是规范性的,它是指向'善'的思想——对孩子的'善'的思想。"[3]在这个过程中,"学会教学——正如教学本身一样——总是一种过程,一种形式和转化的阶段,在此期间,一个人做了什么,他就能学到什么"[4]。因为"他做了什么"的过程,实际上就是他理解了什么的过程,就是他"学会教学"的过程。因此,教学理解不仅仅是一个认知性的心理过程,更重要地,它是一个意义生成、转化、建构与提升的社会过程和文化事件。如此,"当你观望教育风景时,不仅看到显现出来的景致,意识到要求你用爱、真理与正义作出回答的呼唤;而且还能在所有理所当然的形式与事件

---

[1] [美]杜威著,王承绪译:《民主主义与教育》,人民教育出版社1990年版,第82页。
[2] Sainsbury, M., *Meaning, Communication and Understanding in the Classroom*, Printed and Bound in Great Britain by Athenaeum Press Ltd., 1992, p.122.
[3] [加]马克斯·范梅南著,李树英译:《教学机智——教育智慧的意蕴》,教育科学出版社2001年版,第114页。
[4] [美]D·John McIntyre & Mary John O'Hair著,丁怡等译:《教师角色》,中国轻工业出版社2002年版,第1页。

背后看出隐含的权力与能量、理念与灵性的可能。"在这里,"我们所要做的不是视道德与灵性价值为外在于常规课程与学习活动的附加物,而是要更深入地探索到教育风景之中,以便揭示出道德与灵性如何被忽视。"①通过考察道德与灵性如何被忽视,我们可以得到如何实现道德价值与灵性养成的启发,进而获得关于人的个性全面发展之教学的深刻启示。

以此观照凯洛夫教学论,问题并不在于它重视了知识的教学,而在于它没有欣赏到教学过程的"整个风景",只看到了教学过程的"一个景点"——概念化的知识点;没有经历整个教学的"曲折旅途",只是类似乘地铁从"起点站"直奔"终点站",至于外面的精彩世界,自然是观赏不到的。在这里,教学的文化内涵隐没了,"'学习'一词的意义被破坏了。学生们根据他人的要求而学习,而不是为了自己的转变、自己的旅程、自己灵性的斗争、超越自身的他者性(the otherness)而学习。"②在这里,课程与文化无涉,"文化场"游离了课堂,造成了教学的"文化性缺失"和"文化锁定"③。其结果,必然是人的"退场"与人性游离。在一定意义上,"凯洛夫问题"也是一个语言问题——理论研究者将教学过程预设为特殊的认识过程,实践工作者从这一预设的语言出发理解"教学"的涵义,在教学实践中按"认识过程"的一套模式行动的所产生的问题。如海德格尔所言:"经受一种语言之体验,就意味着通过接受和服从语言的要求,让我们与此语言的要求相联系。""语言的误用破坏了我们和事物本真的关系。"④从语言的角度说,凯洛夫教学论实际上在某种程度上误导了当代的教学实践。因此,我们必须以新的思维方式和表达方式来重新思考、"命名"教学。本文从诠释学的语言和思维方式的角度来考察教学不失为一种尝试。

值得注意的是,由于"理解"的多重含义,"教学理解"也就具有了多方面的意义。

---

① Huebner, D., *Education and spirituality*. New Haven, CT: Yale University, The DiVinity School, Unpublished Manuscript. 1993, November 20, p.11.
② 同上书, p.8.
③ 郝德永著:《课程与文化:一个后现代的检视》,教育科学出版社 2002 年版,第二章"文化性的缺失——课程的文化锁定效应"。
④ [德]海德格尔著,郜元宝译:《人,诗意地安居》,广西师范大学出版社 2000 年版,分别见第 50、62 页。

从精神活动的层面来看,教学实践活动不仅有心理认知成分,还有情感体验内容,更有随着这些心理过程而发生的人的自我理解与自我超越。因此,教学理解是在认识论、方法论和本体论相统一的意义上使用"理解"这一范畴的。在建构主义教学理论[①]那里,"为理解而教"即是认识论意义上的"理解",他们认为,"理解是心理结构的构造过程","理解是用所获得的知识片段建立起来的","知识并非被动地接受而是由认识主体主动构筑的",[②]如此等等。在人本主义者罗杰斯那里,教学应是建立在人际关系基础上的非指导性教学,教学的核心在于教师以"促进者"的身份促进学生"自我实现",成为一个"完整的人"。同治疗中的人际关系构成一样,课堂背景中的人际关系构成要素也是"真实"、"接受"和"理解"。这些构成要素彼此相互联系、相互促成,构成一个有机整体,在教学中发挥着重要作用。这里的"理解"并不是认知性理解,罗杰斯所谓的"理解"带有浓厚的感情色彩,它是一种投射于他人的"移情性理解"。它要求教师从学生的角度出发,设身处地地为学生着想,理解学生的情感和想法。在具体操作上,罗杰斯的非指导性教学模式将主要热情倾注在形成轻松愉快、真诚坦然的教学心理气氛上,它期盼凭借这样的人际氛围来达到培养"完整的人"的目标。[③] 因此,罗杰斯更多地是在方法论意义上使用"理解"一词的。而在后现代主义者那里,"理解"更多地表现出本体论意味。"阐释的目的不在于对事物作另一番解释,而在于追求人的自由","理解……扎根于人类经验的对话性、交互主体性和交谈性的本质的意义中","是人类自我理解的原生状态";在教学中,"'理解'本身并非某种固定的范畴,而是代表这样一个深刻的意识:所探究的东西在目前的环境下是否得到了深入的倾听","每一个地方,似乎都需要'理解'的语言来将差异当作一份邀请,请大家思考一下各自的局限,而不是

---

① 陈琦、张建伟:《建构主义学习观要义评析》(《华东师范大学学报》(教育科学版)1998 年第 1 期)、《建构主义与教学改革》(《教育研究与实验》1998 年第 3 期)、《简论建构性学习和教学》(《教育研究》1999 年第 5 期)等。
② [美]莱斯利·P·斯特弗、杰里·盖尔主编,高文、徐斌艳、程可拉等译:《教育中的建构主义》,华东师范大学出版社 2002 年版,第 353 页。
③ 方展画著:《罗杰斯"学生为中心"教学理论述评》,教育科学出版社 1990 年版,第 130—164 页;[美]B·乔伊斯、M·威尔、E·卡尔康著,荆建华等译:《教学模式》,中国轻工业出版社 2002 年版,第 347—379 页。

将'差异'当作问题来解决",①如此等等。可见,"理解展开于人类意识活动各种层面,伴随着人类生命活动始终。"无论是认识论意义,还是方法论意义抑或本体论意义,"理解都表现为总体性的意识活动"。② 教学理解也因之获得"总体性"之意谓,与人的整体生成相关联。

(三)"诠释学"——作为一种教学生活形式

"想象一种语言即是想象一种生活形式。"维特根斯坦这句话是让人颇富想象力,用在这里似乎也挺合宜:"诠释学"语言不同于"认识论",因此,当我们阅读"诠释学"的时候,实际上也是在过一种"诠释学生活",这是有别于"认识论"的另一种生活形式。由"认识论"到"诠释学",随着我们关于教学话语系统的改变,作为一种生活形式的教学也有了别样的景象。

首先,当我们以"诠释学"的语言想象教学的时候,教学就不再仅仅是学生个体的认识过程,学生也不再是抽象的思维容器,教学是生成生命意义的理解过程。其带来的必然转变简要的概括就是,以"教学理解观"超越传统"教学认识观"。人在理解之中,欣赏教学的"整个风景"。"理解即为联系。存在的联系越多,理解越全面,参与生活形式越多。""理解的任何部分都不会浪费;每一部分都有助于发展学生全面的个人理论系统。"③在此意义上,"教学理解"不是纯化、标定教学要素,而是开发、丰富教学资源④。与"教学认识"相较,"教学理解"为人的发展提供了更多的"契机"。在教学过

---

① [加]大卫·杰弗里·史密斯:《阐释学想象力与教学文本》,载大卫·杰弗里·史密斯著,郭洋生译:《全球化与后现代教育学》,教育科学出版社2000年版,第109—134页。
② 刘少杰著:《理解的追寻——实践理解论引论》,吉林大学出版社1994年版,第1页。
③ Sainsbury, M., *Meaning, Communication and Understanding in the Classroom*, Printed and Bound in Great Britain by Athenaeum Press Ltd., 1992, p. 120.
④ 这里的"教学资源"不是指投入教学中的"物",而是指在变化着的教学环境中的教师、学生和教学内容间的相互作用。"资源(指"物",笔者注)对教学没有直接影响,资源的影响有赖于资源的运用。"[美]科恩、罗登布什等:《资源、教学与研究》,《华东师范大学学报》(教育科学版)2001年第4期。

程中,"风景"越多、越丰富,越有助于人的个性全面发展。美国后现代课程与教学理论的倡导者小威廉姆·E·多尔(William E. Doll, Jr.)认为课程与教学应该具有:(1)丰富性,即课程与教学应具有适量的不确定性、异常性、无效性、模糊性、不平衡性、耗散性与生动性的经验,课程与教学内在的疑问性、干扰性、可能性不仅赋予课程与教学以丰富性,而且给教师和学生带来"亲在"的感觉。(2)回归性,强调教学过程没有固定的起点和终点,如杜威所指出的,每一个终点就是一个新的起点,每一个起点又来自于前一个终点。这意味着目的、规划不仅仅单纯地先于行动而且产生于行动。(3)关联性,体现为教育关联和文化关联。前者指课程与教学过程中的联系,课程与教学随着时间的推移而变得更具转变性;后者指课程与教学之外的文化联系,与现代主义的宏大叙事不同,它是地方性的、背景性的和具体性的,是相互作用的和参与性的生态系统。(4)严密性,指课程与教学评价的解释性和不确定性。严密地对待解释必须意识到所有的评价都有赖于假设,随假设框架的不同,对评价所提的问题、评价的过程以及评价的结果也会有所差异。严密性在此意味着自觉地寻找我们或他人所持的这些假设,并协调这些假设之间的关系,促使评价成为一种转变性对话;在对话中使确定性和不确定性有机结合起来。[①] 多尔的论述说明,教学的丰富性、生成性、不确定性与复杂性,为人的个性全面发展提供了更多的"理解"资源和"生成"契机。实际上,课堂教学作为生活,不是纯粹的知识教学,它具有多元性(多种不同的任务和事件在课堂里发生)、同时性(课堂里的许多事情是同时发生着的)、即时性(师生必须在许多事情发生之时即做出反应)、非预期性(难以预料的公共气氛:课堂中的事情不会按希望的方式发生,而且,发生在一个学生身上的许多事情也会被其他学生看到;学生从老师在课堂里与一些学生的互动方式就可以知道老师对这些学生有怎样的感觉)、历时性(一个班的学生和老师相处一段时间后,就会形成共同规范和促进相互了解)等特点。[②] 学生在教学中所学到的远不止是计划的知识内容,他们还会受到其他同学的激励,从同学那儿

---

① [美]小威廉姆 E·多尔著,王红宇译:《后现代课程观》,教育科学出版社 2000 年版,第 248—261 页。
② [美]Thomas L·Good & Jere E·Brophy 著,陶志琼等译:《透视课堂》,中国轻工业出版社 2002 年版,第 2 页。

分享到学习的乐趣,在这里,正式的和非正式的课程同时发生着作用。"教育的原则,是通过现存世界的全部文化导向人的灵魂觉醒之本源和根基,而不是导向由原初派生出来的东西和平庸的知识。"①

其次,当我们以"诠释学"语言阐释教学的时候,教学就不再是"教"与"学"的二元模式,而是完整的"教学"结合体,是对话与视野融合,"是一种在场(presence)和际遇(encounter)","是存在世界中的一种方式"②。从总体上说,"教学认识论"在理论上是强调学生的"学",即"特殊认识过程";在操作上是强调教师的"教",即讲授、谈话、演示等。这是典型的"教"与"学"二元模式。虽然他们也视教学为师生双边活动,追求"教"与"学"的统一。但是,这种统一,如有些学者所指出的:历来所谓的"教与学的统一"往往停留于表面的解释,不断地生产机械的、线性的发展模式。其实,教与学的关系要远远复杂得多。"在'教'中内在地蕴含了'学',在'学'中内在地蕴含了'教'。'学'总是不断地孕育着生产性与创造性的契机。"③从根本上说,理解就是理解者与理解对象之间的一种对话,就是视野融合。"对话是探索真理与自我认识的途径",也是"真理的敞亮和思想本身的实现。在对话中,可以发现所思之物的逻辑及存在的意义。"④在教学过程中,广泛地存在着"对话":教师与学生的对话、学生与学生的对话、学生与各种"文本"(如教学环境)的对话,等等。教学中的对话不是对象性的主客体关系,而是一种意义关系,是一种"我"与"你"之间的交流。对话不是以一种观点反对另一种观点,也不是将一种观点强加在另一种观点之上,而是一种"共享"——经验的共享、价值的共享、智慧的共享。对教师而言,共享的实质是引导——对学生的精神世界进行引导。所以,在这里,"教师的职责现在已经越来越少地传递知识,而越来越多地激励思考;除了他的正式职能以外,他将越来越成为一位顾问,一位帮助发现矛盾而不是拿出真理的

---

① [德]雅斯贝尔斯著,邹进译:《什么是教育》,生活·读书·新知三联书店1991年版,第3页。
② [美]威廉·F·派纳、威廉·M·雷诺兹等著,张华等译:《理解课程——历史与当代课程话语研究导论》,教育科学出版社2003年,第777页。
③ 钟启泉编著:《学科教学论基础》,华东师范大学出版社2001年版,第285页。
④ [德]雅斯贝尔斯著,邹进译:《什么是教育》,生活·读书·新知三联书店1991年版,第11页。

人。他必须集中更多的时间和精力去从事那些有效果的和有创造性的活动,互相影响、讨论、激励、了解、鼓励"[1]。对学生而言,共享的实质是"参与"——参与自身的精神建构。不论是教师还是学生,共享的过程和结果则是视野融合,超越原有的视野,实现精神世界的拓展和人生经验的增长。它发生于"教"与"学"的每时每刻,发生于师生之间、教师自身以及学生自身的不同时刻。圣斯伯利说:"视野融合是一个终身过程。我们拥有的经验、参与的互动都取决于我们的理论。但我们拥有的理论也被与它们有关的经验调整着、更新着、改变着。因为,经验是我们理论的积极参与,我们决不可能不受经验的触动。就此而言,学习是我们不可能避免的;它是生活持续不断的、不可避免的一部分。"[2]我国学者也认识到这一点,叶澜教授曾经区分了"日常情境中的学习成长"与"教学过程中的学习成长",认为教学过程的基本任务是:"使学生努力学会不断地从不同方面丰富自己的经验世界,努力学会实现个人的经验世界与社会共有的'精神文化世界'的沟通和富有创造性的转换;逐渐完成个人精神世界对社会共有精神财富富有个性化和创生性的占有;充分发挥人类创造的文化、科学对学生'主动、健康发展'的教育价值。"[3]以更开阔的眼光看,我们经验的每时每刻似乎都在发生着一种形式的"教学",我们不妨称之为"**日常经验教学**"。[4] 课堂教学只不过是"日常经验教学"的主题化罢了。教学理解的东西总是在日常经验背景及其主题化之间循环,并由它们自身构成一个整体,形成和改变着我们的经验。国际21世纪教育委员会主席雅克·德洛尔在《教育:必要的乌托邦》一文中明确指出:"教育乃是人类从其自身学到的

---

[1] 联合国教科文组织国际教育发展委员会编著,华东师范大学比较教育研究所译:《学会生存》,上海译文出版社1979年版,第118—119页。

[2] Sainsbury, M., *Meaning, Communication and Understanding in the Classroom*, Printed and Bound in Great Britain by Athenaeum Press Ltd., 1992, p. 115.

[3] 叶澜:《重建课堂教学过程观》,《教育研究》2002年第10期。

[4] 这里的"日常经验教学"特指日常经验的教学效应。这一概念意在强调"泛教学"对人的发展的影响,单纯的课堂教学是难以完成"把一切事物教给一切人类"(夸美纽斯语)的使命的。实际上,日常经验总是参与着我们的教学理解,人们无法抛开日常经验进行教学理解,因此,日常经验也是教学理解的内在构成。

一切。"①陶行知先生在《生活即教育》一文中也说:"是生活就是教育。"②这些观点与我们关于教学的意见不谋而合。

最后,当我们以"诠释学"语言来对待教学的时候,教学就不仅仅是"认识你自己",更重要的是"改变你自己"。在古希腊教育家苏格拉底那里,"认识你自己"表达了西方哲学试图认识心灵的努力。他提出的"美德即知识"之命题,把知识作为伦理学的前提,也就把教学视为对善的概念的认知。心灵的"善"是"教给"的,是一种靠理智的力量才能把握的纯粹的"善"。在《美诺篇》里,苏格拉底同美诺讨论美德是否可教的问题。苏格拉底说,人人都知道唯有知识可以教人,这样就把美德是否可教的问题先变为美德是否是知识的问题。虽然苏格拉底最终未给"美德即知识"下最终的判定,但他显然是想得到这个结论,或是力主这一结论的。他用自身的实践也在说明:美德是知识,美德是可教的,是可以通过一种教育造就人的灵魂中固有的"善"的理念,从而造就"善"的人。③ 这具体体现在他的"产婆术"之中。苏格拉底产婆术,通过提出问题、回答问题,反复诘难,盘根究底的办法探求知识,通过指出对话者观点或定义的自相矛盾,迫使对方不断否定自己原来的看法,启发他明白自己本来无知,应进一步求知。在柏拉图那里,世界是"可知世界"和"可见世界"的统一。可知世界即理念世界,可见世界即感觉的世界。在可见世界中,具体事物是变化的,人只能获得"意见",而不能获得知识;知识必须从可知世界中获得,在可知世界里,我们才能获得关于理念的真理的知识,而不能靠感觉经验得来,只能凭理性的逻辑力量。他认为人的灵魂是不死的,它原来生活在理念世界里,本就潜隐着"知识",只是在降生到感性世界为人时忘记了这种知识,现在的任务是回忆这种知识。"人的灵魂能够把它以前的所得到关于美德及其他事物的知识回忆起来,是不足为奇的。因为,……一切学习都只不过是回忆罢

---

① 国际21世纪教育委员会提交的报告,联合国教科文组织总部中文科译:《教育——财富蕴藏其中》,教育科学出版社1996年版,第20页。
② 陶行知:《生活即教育》(1930年),载华东师范大学教育系编:《中国现代教育文选》(修订版),人民教育出版社1998年版,第308—317页。
③ 迟艳杰著:《教学:人存在意义的追求》,博士学位论文,华东师范大学2000年,第14页。

了。"①"一切知识都是回忆的说法,在《美诺篇》里得到了详尽的发挥。在那篇里,苏格拉底说:'没有什么教学,有的只不过是回忆罢了'。"②在亚里士多德那里,心智的美德是沉思的生活,这是最高的美德,导致完满的幸福,这是人的理性本质在认知中,通过逻辑推理获得的。"对于人,符合理性的生活就是最好的和最愉快的生活,因为理性比其他任何的东西更加使人是人。因此这种生活也是最幸福的。"③所有这些,都鼓舞了传统教学将"认识你自己"作为主要或唯一任务,为以知识为中心的教学作了很好的注脚。

在雅斯贝尔斯看来,"如果回忆仅仅是关于过去的知识,那么它无非是无限数量的考古材料的堆积而已。如果回忆仅仅是富于理智的沉思,那么它只不过是作为一种无动于衷的观照而描画了过去的图景而已。只有当回忆采取了汲取的形式时,才会有利于对历史的尊崇中的当代人实现个体自我;而后,这个回忆才会作为一种标准来衡量当代人自身的感情与活动;最后,这个回忆才会成为当代人对他自身的永恒存在的参与。回忆的方式问题,正是这样的文化是否仍然可能的问题。"④"汲取的形式"即对文化采取意义理解的方式,在文化理解中体验自己的生命存在,把自己作为文化的一部分,与文化自相关,这样的生活才是最幸福的。可是,西方17世纪以笛卡尔、斯宾诺沙、莱布尼茨等为代表的理性主义认识论,深受柏拉图的知识论传统的影响,把知识等同于具有绝对确定性的必然真理。我们知道,心灵不是一个像其他事物那样的给定了的知识论对象,尽管认识者可以被作为一个认识对象,但他永远既是认识对象又是认识者,这种自相关状况不仅决定了他永远不可能正确和充分认识自己,永远有着认识不到的死角,而且,更重要的是它意味着自己成为一个会被知识的暗示所诱导的存在,或者说,自己不仅会藏起来,而且会因为知识的状况而改变,成为知识的奴仆与附庸。

---

① 张法琨选编:《古希腊教育论著选》,人民教育出版社1994年版,第250页。
② [英]罗素著,何兆武等译:《西方哲学史》(上),商务印书馆1963年版,第184页。
③ 张法琨选编:《古希腊教育论著选》,人民教育出版社1994年版,第321页。
④ [德]卡尔·雅斯贝斯著,王德峰译:《时代的精神状况》,上海译文出版社1997年版,第112页。

帕斯卡尔说：人生的问题，人生的目的、意义、出路诸问题是远比知识的问题更重要的。人不是为了知识而存在，相反知识是为了人而存在，求知只是人生的一个方面。① 马克思也曾指出："人不仅通过思维，而且以全部感觉在对象世界中肯定自己。"②理解具有"原初总体性"特征，有"全部感觉"的意味。虽然不至于说理解即是实践，但实践是理解的一个必要相关项，在不考虑实践的情况下，单独去与理解"会面"是不可能的。"在个体发展的全过程中，每一个因素（**指影响个体发展的可能因素与现实因素，笔者注**）在个体发展中的作用、地位呈变化状态，它自身的内容与结构也呈变化状态，这是一个充满各种契机，生命通过活动，在周围环境相互作用中生长、成熟、展现、创造、实现自身力量的动态过程。"③在教学中，任何一种理解，无论是正确的还是误解的，都诱导着某种行为，而自我在这种行为中改变了。理解对行为的有效暗示说明理解是行为的变量；反过来，行为也是迫使理解改变的重要因素。可以说，"教育生活是一个不断地进行阐释性思考和行动的实践——这既是对于成人来说，同时也是对于孩子们而言。孩子们持续地理解自己的生活，不断地形成对成长在这个世界上的意义的理解。"④而且，"人们是可以彼此交往的，因为一个人的经验能够唤起自己的思想和感情，引起自己的行动，也能够唤起他人的思想和感情，导致他人的行动。这样，个人的生活样式便衍生开来成为社会的生活样式，而人类历史生活就是这种相互作用的连续过程。"⑤教学作为生活是活的、是生成性的社会生活；"教学不能仅仅意味着讲。教学应当成为一种定约：教师指出一条路，学生经由此路能够理解并能进入他自己的那个活着的、流动的传统中去。""教与学的目的在于启迪——这个词有双重含义：

---

① 何怀宏著：《生命与自由——法国存在哲学研究》，湖北教育出版社 2000 年版，第 54—55 页。
② 《马克思恩格斯全集》（第 42 卷），人民出版社 1979 年版，第 125 页。
③ 叶澜著：《教育概论》，人民教育出版社 1991 年版，第 235 页。
④ [加]马克斯·范梅南著，李树英译：《教学机智——教育智慧的意蕴》，教育科学出版社 2001 年版，第 81 页。
⑤ Rickman, H·P., "Meaning in History": W. Dilthey's Thoughts on History and Society. London, 1961, p. 73-74. [德]马克斯·韦伯著，韩水法等译：《社会科学方法论》，中央编译出版社 2002 年版，"汉译本序"第 3—4 页。

一是将光明带给某个情境,一是照亮(减轻)人类经验的重负。"[1]理解与理解对象的关系是协商的、对话的关系,而不是主观对客观的单向涉入关系。协商、互动、对话的过程是一个自我生成的过程,是形成"生产性性格"的过程,即马斯洛所谓的"自我实现的创造性"过程。"自我实现的创造性首先强调的是人格,而不是成就,认为这些成就是人格放射出来的副现象。因此对人格来说,成就是第二位的。自我实现的创造性强调的是性格上的品质,如大胆、勇敢、自由、自发性、明晰、整合、自我认可,即一切能够造成这种普遍化的自我实现创造性的东西,在创造性生活中那些表现自身的东西,或者说是强调创造性的态度、创造性的人……自我实现的创造性上'放射到'或散发到或投射到整个生活中的,正如一个振奋的人没有目的、没有谋划地、甚至也不是有意地'放射出'兴奋一样。"[2]马克思在批评形而上学时指出:哲学家只不过是不同地解释了世界,而问题在于改变世界。那么,对于教学,我们似乎更应该说,认识你自己同时就是改变你自己,改变你自己就是实现你自己、创造你自己。

三、教学理解何以可能

基于"思路的改变","知识"获取的"教学认识"概念被"意义"生成的"教学理解"概念所取代。"理解的本质在于对意义的领悟"[3]。那么,什么是"意义"?"教学意义"又是什么?它和"凯洛夫问题"的解决有何关系?或者说,教学理解何以臻达人性完美?这是我们必须回答的一个问题。

---

[1] [加]大卫·杰弗里·史密斯著,郭洋生译:《全球化与后现代教育学》,教育科学出版社2000年版,第230、231页。
[2] [美]A·H·马斯洛著,李文湉译:《存在心理学探索》,云南人民出版社1987年版,第131页。
[3] 刘少杰著:《理解的追寻——实践理解论引论》,吉林大学出版社1994年版,第1页。

(一) "意义"与"教学意义"

"意义"是什么呢？这是典型的实证主义式的提问方式，旨在通过揭示一个词或概念的本质，从而揭示事物的本质。在实证主义者眼里，一个能指总是对应着一个所指，科学知识总是可以还原为"指物命名"的实指定义。然而，在这里，我们却无法用形式逻辑的方式来为"意义"下一个"属加种差"的定义。这一点与海德格尔所说的"存在是不可定义的"[1]一样。从某种意义上说，"意义"即"存在"本身，也是无法定义的。列维·斯特劳斯(Levi-Strauss, C.)在《神话与意义》一书中也这样说："在语义学里，有一件非常奇怪的事，那就是在整个语言里，对'意义'这个词，你要找出它的意义恐怕是最难的了。"[2]对此，许多研究意义问题的学者颇有同感。

沙夫在《语义学引论》一书中，列举了"意义"的种种可能的解释：1. 意义是对象，而指号是关于对象的名称；2. 意义是对象的性质；3. 意义是一种理念的对象，或者是一种固有的性质；4. 意义是一种关系，主要包括：(1)指号与指号之间的关系，(2)指号与对象之间的关系，(3)指号与关于对象的思想之间的关系，(4)指号与人的行动之间的关系，(5)应用指号来互相交际的人们之间的关系。[3] 沙夫本人倾向于将"意义"理解为一种关系，他指出："意义就是这样一种东西，由于它，一个通常的物质对象，这种对象的一个性质或一个事件就成了一个指号，即是说，意义就是指号情境或交际过程的一个因素。"[4]在狄尔泰看来，意义即生活的意义，它具有一种时间结构，人类生活的每一刻承负着对于过去的觉醒和对于未来的参与。这样的时间结构组成了包括感觉

---

[1] 海德格尔在《存在与时间》一书的"导论"中指出，存在的意义只有通过对日常生活的现象学描述即解释，才能显现出来。参阅海德格尔著，陈嘉映、王庆节译：《存在与时间》，生活·读书·新知三联书店 1987 年版，第 4—6 页。
[2] 秦光涛著：《意义世界》，吉林教育出版社 1998 年版，第 63 页。
[3] 沙夫著：《语义学引论》，商务印书馆 1979 年版，第 227 页。
[4] 沙夫著：《语义学引论》，商务印书馆 1979 年版，第 215 页。

经验、思想、情感、记忆和欲望的人类生活的内在结构,所有这些便形成了生活的意义。① 海德格尔则把对意义的研究转向本体论。他认为,"意义就是世界本身向之展开的东西"②,"意义是某某东西的可领悟的栖身之所。在领悟着的展开活动中可以加以勾连的东西,我们称之为意义"③。赫伯特·芬格利特(Fingarette,H.)指出:意义既可能指"倡导一种逻辑的,能够有效地解释和系统地预示的理论的科学过程",也可能指"产生一种新视野的存在主义过程,这种新视野是产生新信念的主要背景"。④ 不同哲学观点的差异和对立,使得人们对"意义"的理解,即使在所指对象相同的情况下也很不一致。基于"意义"的认识论涵义与本体论涵义,更多的学者采取兼收并蓄的态度,如罗伯特·凯根在《发展的自我》一书中明确地说:"我用'意义'一词来意指这种同时发生的认识的和本体的活动;它涉及认识和存在,涉及理论的建立和自我的投入与信奉。"⑤

　　在我们看来,人是意义的存在。"人的存在是为了有意义的生活——有意义的个人生活和人类生活。"⑥与动物只有自己所属的"物种"的一个尺度相比,马克思说,人有两种尺度,也就是任何物种的尺度和人自己的尺度或内在尺度。因此,人,"在其现实性上,它是一切社会关系的总和"⑦。人生活在世界中,他必然与世界发生种种关系,世界作为物质与精神、自然与人文、历史与现实、社会与个人的统一整体与每一个人发生关系,这是人存在的本质。离开人与社会的关系,人就无法存在了,人总是在世界之中存在,他把与他发生关系的世界看成是有意义的,把自己的存在看作是有意义的,因此,人是生活在意义世界中的。人的现实存在也正是通过种种社会关系来展现

---

① Rickman, H·P., *"Meaning in History": W. Dilthey's Thoughts on History and Society*. London, 1961, p. 95. 此处参阅[德]马克斯·韦伯著,韩水法等译:《社会科学方法论》,中央编译出版社2002年版,"汉译本序"第3页。
② 海德格尔著,陈嘉映、王庆节译:《存在与时间》,生活·读书·新知三联书店1987年版,第175页。
③ 同上书,第185页。
④ Fingarette, H., *The Self in Transformation*. New York: Harper and Row. 1963, pp. 62—68.
⑤ [美]罗伯特·凯根著,韦子木译:《发展的自我》,浙江教育出版社1999年,第51页。
⑥ 赵汀阳著:《论可能生活》,生活·读书·新知三联书店1994年版,第109页。
⑦ 《马克思恩格斯选集》(第1卷),人民出版社1972年版,第18页。

生活的意义的。意义是人与世界的一种关系，"意义来自于人在其世界中的牵涉"①。人存在于世界，把自身与世界都看作是有意义的，把自身与世界的关系也看成是有意义的，否则，他的生活便是"无"。意义并不是抽象的，它存在于生活中，存在于人的社会关系之中，存在于人与世界通过生活的种种活动而建立起来的关系之中。人的生活是寻求意义的生活，人生的意义就在人的社会实践之中。

黑格尔曾经断言，"一个有文化的民族"，如果没有哲学，"就像一座庙，其他方面都装饰得富丽堂皇，却没有至圣的神"。②"文化的领域是意义的领域"③，意义之于人类，正如哲学之于文化。意义，就像普照大地的阳光，照亮了人的生活世界。如果失去了意义，人类的生活世界就会变得黯然失色；寻求和获得意义，人类的生活世界才变得五彩缤纷，灿烂辉煌。

因此，"意义"归根结底是一种精神指向，它涉及认识和存在，既可以是认知的、逻辑的意义，也可以是本体的、生命的意义。而所谓"教学意义"，实际上就是，在教学过程中，有所意味的东西对教学主体（主要是师生）的精神活动的一种指向，这种指向只有在教学主体的理解中才能显现出来。这一定义可以从以下几个方面理解：

第一，"有所意味的东西"，可以指人所创造和使用的各种符号，如语言、文字、手势、物件等，也可以指非人造物，如自然风景、山川河流等，但它们必须对教学主体有所意味。一般地说，整个教学过程中所发生的一切都对教学主体有所意味。

第二，"有所意味"，是说"有所意味的东西"总要通过它们的自身存在表达某种不同于它们自身存在的东西，如戈壁滩上的一串足迹，可以意味着奋斗的历程，它们所意味的东西与它们本身的存在并不相同；而且，这种意味总比"有所意味的东西"更丰富。

---

① H·P·里克曼著，殷晓蓉等译：《狄尔泰》，社会科学出版社1989年版，第209页。
② [德]黑格尔著，杨一之译：《逻辑学》上卷，商务印书馆1966年版，第2页。
③ [美]丹尼尔·贝尔著，赵一凡等译：《资本主义文化矛盾》，生活·读书·新知三联书店1989年版，第30页。

第三,"对教学主体的精神活动的一种指向",既可指向某种意象,也可指向某种意境,它使教学主体从这种意象或意境的角度去理解眼前的东西,表达某种倾向。

第四,"只有在教学主体的理解中才能显现出来",指离开教学主体的精神活动,这种指向便无从对人发生作用,意义只有在理解中才能被把握、被体会。正如阿尔弗莱德·怀特海所说:"意义的一个特征是它是感觉的一个方面,在这一方面被感知的宇宙事物被赋予了内在关系。……意义和内在关系这两个概念是紧紧地纠缠在一起的。"[1]

基于上述认识,我们可以认为,"教学的真理或意义或一般,如果说有,也只能存在于特定的此时此地的流动性教学过程之中。由于言语性导致的教育过程的流动性具有深刻而丰富的内涵。若细细品味不同的教学,就可能发现那声音流动里的时间流动,人心的流动,瞬间心理和即兴情绪的流动。"[2]教学意义是教学主体及其活动结合的产物。"任何教学意义都是生成意义的教学与参与教学的师生的结合,任何教学内容都是内容本身与师生对内容的理解共同生成的。意义不在课本,不在教案,不在教师的内心,而在教师的表达行为和学生对表达的理解行为共构的流动性教学过程之中。"[3]只有教师的教和学生的学真正地相互作用,只有教和学的特定内涵在合目的的、一体化的方向上对应的和适当的能动展现,才有教学的真正发生,才能成就教学的存在。教学是由协同互动而引起的一种双向过程。[4] 教学理解朝着合目的的方向、适当能动展现是教学真正发生的标志,也是教学对人的心灵产生影响的重要途径与结果。

从本体论意义上看,在教学过程中,人寻求意义,就是寻求可能生活[5];人创造意

---

[1] [美]阿尔弗莱德·怀特海著,韩东晖、李红译:《思想方式》,华夏出版社1999年版,第13—14页。
[2] 石鸥著:《教学别论》,湖南教育出版社1998年版,第94页。
[3] 同上书,第98页。
[4] Wenham, M., *Education as Interaction*. Journal of Philosophy of Education. Vol. 25, No. 2, 1991, p. 245.
[5] 可能生活可以定义为每个人所意味着去实现的生活。参阅赵汀阳著:《论可能生活》,生活·读书·新知三联书店1994年版,第116页。

义,就是在创造自己作为人而应有的立场和方式,就是在创造可能世界。教学主体对教学意义的追求和创造过程,就是教学主体不断提升自己、创造自己的过程。

(二) 教学意义的多层性

在教学过程中,教学主体所面对的各种事物都是有意义的,都可以视为教学事象[①]在向人显示意义。由于对教学主体有所意味的东西的意义是多方面的,仅就某一具体客体而言,它的意义也是多方面的。那么,教学意义包含哪几种情况呢? 或者说,我们在什么意义上使用"教学意义"一词呢? 在此,我们有必要对意义的层次进行探讨,并以此"观照"教学意义的层次。

对意义的层次进行研究,在早期神学诠释学中就已经开始了。"四层意义说"是一个比较典型的分层研究:第一步,区分语言的或历史的意义与精神的意义。语言的或历史的意义是指文字表面的意义,即文义。第二步,寻找隐含在语言文义背后的精神的意义。精神的意义又进一步区分为象征性意义、道德的意义和神圣崇高的意义。[②] "四层意义说"可表示如下:

语言或历史的意义	语言文义
精神的意义	象征性意义
	道德的意义
	神圣崇高的意义

在语义学研究中,人们也对意义进行了分层。英国语义学学者杰弗里·利奇(Leech, G.)即把意义分为七种类型("意义七类型说"):[③]

---

① 本文的"教学事象"是指教学主体所理解到的教学事实与现象。
② 殷鼎著:《理解的命运——解释学初论》,生活·读书·新知三联书店1988年版,第74—75页。
③ [英]利奇著:《语义学》,上海外语教育出版社1987年版,第33页。

联想意义	1. 概念意义	关于逻辑、认知或外延内容的意义
	2. 内涵意义	通过语言所指事物来传递的意义
	3. 风格意义	关于语言运用的社会、时代风格的意义
	4. 情感意义	关于讲话人或作者的感情和态度的意义
	5. 反映意义	通过与同一个语词的另一意义的联想来传递的意义
	6. 搭配意义	通过经常与另一个词同时出现的词的联想来传递的意义
	7. 主题意义	组织信息的方式(语序、强调手段)所传递的意义

上述"四层意义说"和"意义七类型说"所说的意义，主要是指语义学所指，与我们所说的意义不尽相同，但它们对我们探讨教学意义的层次是有启发意义的。一般说来，教学意义包含以下四个层次：

第一层次，客体(如语言文字、教材、表演等)作为教学表达式所表达的含义；

第二层次，利用客体表达教学意义的意义表达者(如说话人、作者等)的意思或"原意"；

第三层次，客体作为教学意义显示物(如落叶、暴雨、音乐等)所显示的相关情境；

第四层次，客体作为教学意义具有者(如历史事件、实践行为等)所具有的影响、作用和价值。

上述四个层次的教学意义区分，不是对事物对象的分类，而是对对象所可能具有的意义的分类。同一个对象，既可以作为教学意义表达式，又可以作为教学意义显示物或具有者，由是就有了不同层次的教学意义划分。

教学事象在教学主体的理解中既具有语言的、历史的直接意义，又具有道德的、情感的象征意义；既具有逻辑的、认知的意义，又具有联想的、非逻辑的意义。教学事象之所以具有如此丰富的意义，是因为教学主体在教学过程中所面对的事物与他们的活动相关，或者说介入了教学活动，体现着物与人、人与人之间的关系。马克思、恩格斯告诫人们说，不仅要看到事物感性物质方面的意义，更要看到事物在人的感性活动中的意义。意义不同于知识，知识面向事物和世界，而意义则直接面对我们自身的存在，兼具本体论涵义。

　　教学意义内涵的丰富性与表现的多层性表明,在教学过程中,课程内容中原先所"给定"的意义或多或少、或强或弱都会受到挑战。在这个过程中,教学理解不是一个作为制度文化与法定知识的课程内容的简单"复制过程",教师也"并不是仅仅把别人的意愿和意识形态转化为实践的屏幕"[①],学生也决不会不加理解地把别人的意愿和意识形态内化于自身的文化结构。教学过程是师生基于各自的"生活史"锻造而成的、有各自文化视域、以一定的课程内容为基本线索而展开的一种互生互成的意义阐释与文化建构的过程。如果说课程编制者在课程内容中已经"构建"了一个意义世界的话,那么,以师生互生互成的意义阐释与文化建构为特征的教学过程同样也会"创生"出一个意义世界。前者是"给定的"、"期待的",后者是"生成的"、"真实的"。"真正的教学过程是关系的语言综合而产生的现实流动过程,是不同关系的相互作用和交融的统一过程……教学过程的口头言语性特征,本质上导致理解的顷刻生成性,导致意义的多义性,因而它内在地规定了教学过程的流动本质。"[②]教学意义理解既包含法定的教学内容,又包含师生尚未意识到,但实际性地在起作用的"隐蔽课程"。由于教学意义的多层性与创生性,上述两个意义世界不会完全重合。

(三)"完人"的意义涵涉

　　英国课程论学者费尼克斯(Phenix, P.)在《意义的领域》一书中认为:"意义是一种比知识更宽广的概念","这个论点来自根源于意义的人性概念以及实现意义的人类生活的概念"。[③] 在费尼克斯看来,"人是理性动物"这一人性假设带有相当的局限性,

---

① [加]F·迈克尔·康内利等著,王建军译:《专业场景中的教师个人实践知识》,《华东师范大学学报》(教育科学版)1996年第2期。
② 石鸥著:《教学别论》,湖南教育出版社1998年版,第92—93页。
③ [英]贝利译,唐晓杰译:《费尼克斯论意义的领域》,载瞿葆奎主编:《教育学文集·智育》,人民教育出版社1993年版,第147—160页。

他说:

> 这种哲学回答难免带有局限性,诸如理性、理智和心智等观念往往被狭隘地诠释为逻辑思维的过程。情感生活、良心、想象和其他严格意义上不属理性的过程却被这样一种诠释排除在外,人是严格意义上的理性动物这一观念也因太片面而被抛弃。①

因此,费尼克斯提出替换理性的概念是"意义"。从某种意义上说,费尼克斯显然把"意义"看作是一个非常合适的概念,它包含比他抛弃的严格推论观念更为丰富的理智与心智的观念;但他对范围十分广泛的不同意义还有某种看法,那些意义可能根本就不囿于正常的(不一定严格的)理智概念之内:

> (意义)这个术语意在表达理智或心智的全部含义。因此,在有机体适应活动中、在知觉中、在逻辑思维中、在社会组织中、在言语中、在艺术创作中、在自我觉察中、在果断的决定中、在道德判断中、在时间意识中、在礼拜活动中,都包含着不同的意义。所有这些有区别的人类功能就是意义的多样性,所有这些功能——连同其他可以描述的人类功能一道——构成了有意义的生活,这就是人生的实质。②

费尼克斯相信:"从理论上说,意义的多样性没有止境。意义形成的不同原理可以被认为是无限的。"③就连对"知识"情有独钟的英国课程论专家赫斯特(Hirst, P.

---

① [英]贝利著,唐晓杰译:《费尼克斯论意义的领域》,载瞿葆奎主编:《教育学文集·智育》,人民教育出版社1993年版,第147—160页。
② 同上注。
③ 同上注。

H.)①在与费尼克斯辩论的过程中也不得不对这一观念作了某些让步：

> 诚然,有意义的事物的范围远远超出了已知事物的范围。对能够成为知识客体的每个真命题来说,存在着无数的假命题,它们是有意义的但不是知识的客体。甚至在话语中,意义也总是超出陈述中的命题,而扩展到命令、疑问、诅骂等其他无数的语言用途中。行动和事件也可以说有种种意义。而且,察知某事物的意义很可能随时都涉及费尼克斯勾勒的那些方面。②

作为一个教育学概念,意义涵涉的丰富性对"完人"③的培养来说,无疑具有重要意义。在布鲁纳看来,所谓"发展"无非是个体在某种文化的培育中汲取一定的意义体系,构筑自己的意义空间的过程。布鲁纳还说,作为心理学的中心概念——"意义",应当赋予地位,应当研究它的建构过程与变换。以往的心理学不能从意义的侧面把握人类的行为,缺乏文化在意义生成中之作用的视点。这是由于传统的科学主义——它源于还原主义和因果法则的古典物理学——的立场所致。应当说,这是摆脱传统的实证科学的束缚,采取诠释学取向的一种主张。当"意义"作为研究对象时,自然要求在社会相互作用场去探寻意义发生场,从关系论的视点把握人类的精神。这是因为,意义既不存在于离开了主体的对象之中,也不存在于主体侧面,而是在主体同客体的相互关系之中、相互作用之中产生的。这里蕴含了一个基本前提:相互作用的对方是对等的、给予相互作用的存在;通过相互作用的过程建构自己的意义世界。这样,自然要求相互作用的分析:旨在从关系论的视点出发,揭示在相互作用过程中发生了什么;个体

---

① 在赫斯特看来,"对追求任何种类的理性知识提出质疑,最终会自己否定自己"。与此相较,费尼克斯的观点颇有不同。参阅［英］赫斯特著,张云高译:《博雅教育与知识的性质》,载瞿葆奎主编:《教育学文集·智育》,人民教育出版社 1993 年版,第 82—110 页。
② ［英］贝利著,唐晓杰译:《费尼克斯论意义的领域》,载瞿葆奎主编:《教育学文集·智育》,人民教育出版社 1993 年版,第 147—160 页。
③ 这里的"完人"即个性全面发展的人,与"分裂的人"或"单向度的人"相对。参阅联合国教科文组织教育发展委员会编著,华东师范大学比较教育研究所译:《学会生存》,上海译文出版社 1979 年,第 209—215 页。

是如何接受影响，从而获得理解和意义的。归根结底，相互作用的分析，不是单纯的行为层面和行为连锁的分析，而是意义解释层面的分析。①

意义内涵的丰富性与人性整全的包孕性是一致的。有学者指出："如果知识在整个思想中的比重远远超过了直观和想象，那么将破坏思想的生态需要。"②笔者以为，在这个"知识"垄断教育、垄断思想的时代，"意义"的"完人"涵涉难能可贵，它向人们展示了教学理解富于创造的直观和想象，适于思想生态需要的美好图景。

（四）教学理解何以臻达人性完美

意义在人生中的重要地位彰显了意义之于教育的重要性。在费尼克斯看来："如果人性的实质在有意义的生活之中，那么，教育的正当目的就是要促进意义的生长。要实现这一目的，教育者就需要了解业已证明对文明发展有效力的各类意义，需要在这些意义的基础上编制各门学科的课程。"笔者以为，除此以外，更重要的是，作为学校教育的主要途径的教学对"有意义的生活"和"促进意义的生长"方面应"自成目的"，教学生活本身应是"有意义的生活"，教学过程本身应是"意义的生长"过程。因为，"人的生活意义只能在生活本身，而不可能在生活之外，假如在生活之外就恰恰意味着生活本身没有意义或者很不重要。"③

反观凯洛夫教学体系，它把教学过程视为以认知为中心、知情意行的直线流程，强调教学目标的规范化、明晰性，教学过程的可控性、可预见性，教学结果的可及时检测性……一切明明白白，整整齐齐，可谓"种豆得豆，种瓜得瓜"。教学生活的丰富性和完整性，在凯洛夫教学论视域中蒸发了，消失了。平心而论，它是有效的，却是没有"意义"的；它能提升人的理智，却不能臻达人性完美。

臻达人性完美需要"另一种教学"，这种教学与理解联姻，教学本身即教学理解，理

---

① 钟启泉编著：《学科教学论基础》，华东师范大学出版社2001年版，第363页。
② 赵汀阳著：《关于命运的知识》，载赵汀阳著：《赵汀阳自选集》，广西师范大学出版社2000年版，第32页。
③ 赵汀阳著：《知识，命运与幸福》，《哲学研究》2001年第8期。

解本身即理解教学。① 唯其如此,教学与生活之间方能建立起文化联系,彰显人的精神灵性。马克思曾在《1844年经济学哲学手稿》中精辟地论述道:"人的眼睛和原始的、非人的眼睛得到的享受不同,人的耳朵和原始的耳朵得到的享受不同,如此等等。""只是由于人的本质的客观地展开的丰富性,主体的、人的感性的丰富性,如有音乐感的耳朵、能感受形式美的眼睛,总之,那些能成为人的享受的感觉,即确证自己是人的本质力量的感觉,才一部分发展起来,一部分产生出来。因为不仅五官感觉,而且所谓精神感觉、实践感觉(意志、爱等等),一句话,人的感觉、感觉的人性,都只是由于它的对象的存在,由于人化的自然界,才产生出来的。"② 教学中,人的"眼睛"看到什么,人的"耳朵"听到什么,都离不开人的"心灵"想到什么。没有心灵的创造,就没有人的存在。犹欧阳修为"秋声"而赋,赋的是对"意义"的感叹:"嗟夫,草木无情,有时飘零,人为动物,惟物之灵,百忧感其新,万事劳其形。有动乎中,必摇其精。而况思其力之所不及,忧其智之所不能。宜其渥然丹者为槁木,黟然黑者为星星。奈何以非金石之质,欲与草木而争荣! 念谁为之戕贼,亦恨乎秋声?"亦犹白居易为琵琶之声而吟诗,吟出的是对"意义"的感慨:"我闻琵琶已叹息,又闻此语重唧唧。同是天涯沦落人,相逢何必曾相识!"③ 在教学过程中,由理解酝酿生成的教学意义,浸透于生命的各个层面——意图、目的、情绪、思想、价值,理解所展开的是人的整个精神世界。理解兼具实践、情感、道德和创造之特性。④ 在教学中,师生都卷入理解;在理解中,他意识到生命的意义和价值;在理解中,人生的境界也得到了拓展……理解因而构成人生命存在的基本方式。

"教学是语言文化与沟通文化的创造过程。"⑤ 在这个过程中,理解借助语言文字,表达流露,成为解释。基于教学生活,师生在教学中解释人生,这样,他又生活于解释

---

① 有学者对理解教学即理解性教学作了深入的研究。参阅熊川武:《论理解性教学》,《课程·教材·教法》2002年第2期。
② 《马克思恩格斯全集》(第42卷),人民出版社1979年版,分别见第125、126页。
③ 欧阳修作有《秋声赋》,白居易作有《琵琶行》,以上引文均见原作。
④ 熊川武著:《理解教育的理解观》,《教育参考》2002年第4期。
⑤ 钟启泉编著:《学科教学论基础》,华东师范大学出版社2001年版,第253页。

与理解活动之中。解释与理解参与到教学的每一个方面。所有的理解与解释行为,都是公开或隐蔽地在理解历史、文化、传统或现实中去寻求理解和解释人自身,理解因而又是人的自我理解。在理解中,"人永远不会变成一个人……他总是不停地'进入生活',不停地变成一个人。"①正是在"进入生活"和"变成一个人"的过程中,"人按着他自己的本性,表明有指向越来越完善的存在、越来越多地完全实现其人性的压力。这一点与下述事实具有同样精确的自然科学的意义。一棵橡树籽可以说'迫切要求'成长为一棵橡树;一只老虎可以看成正向老虎的样子'推进';一匹马也朝着马前进。人最终不是被浇铸成或塑造成人的、或教育成人的。环境的作用,最终只是容许或帮助他使他自己的潜能现实化,而不是实现环境的潜能。环境并不赋予人潜能或智能;是人自身以萌芽或胚胎的形态具有这些潜能,正如他有胚胎形式的胳臂和腿一样。创造性、自发性、个性、真诚、关心别人、爱的能力、向往真理等,全都是胚胎形式的潜能,属于人类全体成员的,正如他的胳臂、腿、脑、眼睛一样。这一点与那些明确证实生活在家庭和社会之中是实现这些人性潜能的绝对必要条件的资料,并不是矛盾的。让我避开这种混乱状态吧。反正一个教师、一种文化不能创造一个人。爱的能力、好奇、哲学化、象征化、创造性等等,不是灌输到他内部去的。要用容许、促进、鼓励、帮助的方法,把胚胎形式存在的东西,变成真实的实际的东西。同一个母亲或同一种文化,以完全相同的方式对待一只小猫或小狗,不可能把它们制造成人。文化是阳光、食物和水;但它不是种子。"②人总是吸收"阳光"、"雨露""长大""成人"的;"人是一个意义采择者"③,他总是在与文化传统展开的联系中,在使传统获得了进入现代的途径中"长大""成人"的。毫无疑问,起决定作用的仍然是人——人的理解,人永远活在理解中,走在理解的路上,逐渐"长大""成人"。罗伯特·凯根说:自我的发展是一个"意义采择的过

---

① 联合国教科文组织国际教育发展委员会编著,华东师范大学比较教育研究所译:《学会生存》,上海译文出版社 1979 年版,第 214—215 页。
② [美]A·H·马斯洛著,李文湉译:《存在心理学探索》,云南人民出版社 1987 年版,第 144 页。
③ [美]罗伯特·凯根著,韦子木译:《发展的自我》,浙江教育出版社 1999 年版,第 13 页。

程,一个人采择社会意义和生活意义而获得发展。"①

知识是理智认识的挑战,而"意义在理解中不仅仅是被抽象思辨把握住,它还同时被理解者'感受'到、体会到。意义能够同时在抽象的思辨与经验的体会中出现,表明意义自身也有一种贯通融合抽象性与具体性、一般性与特殊性的能力。"②这正是利科尔所谓的意义的"象征结构"。"象征"是任何意义的结构,语言文字直接的意义在这种结构之中,又创造出间接的、想象的意义。而这种由"象征结构"所创造的意义,又只能通过理解语言的直接含义而来。文义在解释者的视野中激起的想象的世界即是作品的世界。没有想象,理解就无法跨进作品。解释者在想象中,给作品创造出一个意义世界。这个意义世界,本身也像想象的结构那样,是象征性的,它一方面有经验的具体性质,以接纳对它的感受体会,另一方面,它又有象征的抽象意义,适于观念的把握与扩展。意义的象征结构,使意义的理解需借助想象。想象是一种创造性的思维取向。想象总意味着比被想象之物更丰富多彩,"理解总比所理解的东西更多"③。因此,视野比视力更重要。

因此,作为理解的教学与作为教学的理解也是一种想象。这种想象其实并不复杂,也不玄奥,它或许就在师生一举手、一投足、一句妙语、一个意外的动作、一个严肃的诙谐、甚至一不小心之中,但它足以引人注目,足以让人深思,足以"使人日臻完善,使他的人格丰富多彩,表达方式复杂多样"④。而这,正是人性完美的呼唤,也是人类社会发展的目的。

---

① [美]罗伯特·凯根著,韦子木译:《发展的自我》,浙江教育出版社1999年版,"中文版译序"第2页。
② 殷鼎著:《理解的命运——解释学初论》,生活·读书·新知三联书店1988年版,第91—95页。
③ [加]大卫·杰弗里·史密斯著,郭洋生译:《全球化与后现代教育学》,教育科学出版社2000年版,第128页。
④ 联合国教科文组织国际教育发展委员会编著,华东师范大学比较教育研究所译:《学会生存》,上海译文出版社1979年版,第2页。

第四章
教学的领域是理解的领域

　　教学理应与人的生命意义内在关联,意义理解理应成为教学实践活动的最终指向;或者说,教学本质上应该是理解活动,不论是在认识论意义上、方法论意义上,还是本体论意义上,都应该如此。因此,在一般意义上,教学即对理解的自觉追求;在终极意义上,教学即理解。它们共同揭示了一个深刻的道理:教学的领域,是理解的领域。

当代诠释学的发展对教学理解问题的探讨是颇有启发意义的。立足于当代诠释学的发展，从马克思实践诠释学的角度检视这些问题，对我们确立一种新的教学观，构建教学理解理论具有积极意义。

一、教学理解观的反思与批判

自狄尔泰把理解作为人的生命体验方式引入精神科学教育学以来，关于理解问题的研究，由方法论而本体论，由个体性而主体间性，由历史性而社会性，对教学意义的理解与阐释问题的研究有了相当的理论准备，他们直接为教学理解问题的研究创造了条件。

长期以来，人们一直都以认识论来阐释教学的本质，借鉴认识论模式来说明教学的一般过程，并把它扩展到教学意义的理解与阐释问题上，认为教学意义的理解与阐释就只有以认识论为指导，才能实现自身的科学化。这一倾向表现在理论研究中，就是一些学者所谓的"教学论科学化"的探索。就其实质而言，这是将自然解释范式扩展至人文社会领域，置人文社会科学与自然科学研究的逻辑差异于不顾的一种表现。在诠释学看来，教学意义的理解与阐释以揭示人的生命存在为指向，它本身就与人的生命存在内在关联，是人的生命存在方式。只不过，诠释学把人的生命仅仅理解为精神生命罢了。如果说认识论"描绘了一个见物不见人的世界"，那么诠释学则"描绘了一个见人不见物的世界"。[①] 但无论如何，诠释学关于理解的本体论定位是颇有新意和创见的。以此反观教学，这有利于我们从一个比较高的理论层面来审视、把握教学理解问题：教学主体对教学事象的认识与解释，主要不在于对教学事象作事实描述或知性学习，更为重要的是对教学事象中所蕴涵的人的发展的可能性或生命意义进行理解与阐释。或者说，归根结底是对人的生命意义的理解和阐释，而不应该停留于事实描述或知性学习层面。本体论意义上的理解应该被规定为教学理解的根本维度或终极

---

① 刘少杰著：《理解的追寻——实践理解论引论》，吉林大学出版社1994年版，第69页。

指向,教学中的事实描述或知性学习是第二位的、派生的。事实描述或知性学习只有作为教学意义理解的一个内在环节,才能在本真意义的教学中找到自己的位置,获得自身存在的合法性。从海德格尔对"在"之意义的追问,到伽达默尔对理解普遍性的关注,到利科尔意义理解机制的揭示,再到哈贝马斯要求通过意识形态批判来确立理解的普遍有效性的前提等等,他们均指向对一个问题的解读:理解何以可能?它给我们的启迪是深刻的:教学主体对教学意义的理解最终指向理解者的自我理解与自我超越,即指向人的自由与解放。这意味着,"重视教师的存在对教育的意义","注意作为个体的学生,他们每个人都有其'亲在'状态(being to be),每个人都希望过一种自己感到有意义的生活",①始终应该是教学理解的真正目标。

以哲学诠释学眼光来观察教学理论与实践,可以发现,我们对教学与认识的共性、相似性注意得比较多,而对它们的差异性、特殊性相对注意得不够,仅仅指出教学的"特殊性就在于它是学生个体的认识,是教育的认识。作为教育,它是认识性的教育……;作为认识,它是教育性的认识,不同于一般认识和其他形式的认识",具有"间接性"、"有领导"、"有教育性",②是远远不够的。其实,教学中不仅有认识活动,而且还有情感、意志、体验和感受的参与,人总是以整体的人参与到教学活动中的,不可能以纯粹的认识进行教或学,这在逻辑上是不成立的,是与事实不相符的。③"认识"侵

---

① [澳]范登堡著,张玲等译:《解释的教育理论与规范的教育理论》,载瞿葆奎主编:《教育学文集·教育与教育学》,人民教育出版社1993年版,第517页。
② 王策三著:《教学论稿》,人民教育出版社1985年版,第116—133页。
③ 关于这一点,"教学认识论"者曾作出了反驳,他们认为上述观点"把认识概念和心理学上的认知概念等同",存在"心理学窄化"问题或"教学认识心理学化"问题。参阅王本陆:《教学认识论:被取代还是发展》(《教育研究》1999年第1期)、《教学认识论三题》(《教育研究》2001年第11期)。反对方也提出了自己的看法,认为在深层次上,时至今日大多数的课堂教学中所体现出来的教学观,以及现行"特殊认识说"及其所衍生的"教学认识论"的教学本质观,在根本上很难说对凯洛夫教学体系有实质性的超越。至于所谓的"教学认识心理学窄化"问题,暂且不论事实上哲学的"认识"与心理学中的"认知"(在心理学中有时也用"认识")确有其内在联系,哲学"认识"的最直接最基本的现实形态恰恰主要是一系列认知性心理过程,这一点毋庸讳言;退一步讲,即便使用的是所谓哲学意义上的"认识"概念,其本身,作为对教学本质的一般概括,也仍然不无偏颇。"认识"既不能概括教学在其主旨、生成、存在、演化方面的普遍规定,更没有反映出教学存在的整体的本质特征,且很容易将理论与实践导入"唯理性教育"的困惑境地。参阅张广君著:《反思·定位·回归:论"教学认识论"》(《西北师大学报》(社科版)2002年第5期)。笔者赞同(转下页)

吞了人的精神世界和价值领域,其结果远甚于雅斯贝斯(Jaspers, K.)在《时代的精神状况》一书中所说的"教化的普遍降格与能力的专门化"①,以福柯(Foucault, M.)在《疯癫与文明》一书中所说的"疯癫"来形容似乎也不为过。在福柯看来:

> 在我们这个时代,疯癫体验在一种冷静的知识中保持了沉默。这种知识对疯癫已了如指掌,因而视若无睹。但是,从一种体验到另一种体验的转变,却由一个没有意象、没有正面人物的世界在一种宁静的透明状态中完成的。这种宁静的透明状态作为一种无声的机制,一种不加评注的行动,一种当下的知识,揭示了一个庞大静止的结构。这个结构既非一种戏剧,也不是一种知识,而是一个使历史陷入既得以成立又受谴责的悲剧范畴的地方。②

以福柯的眼光看——"疯癫在这里是对知识及其盲目自大的一种喜剧式惩罚。""疯癫不再是人们所熟知的这个世界的异相;对于这个局外观察者来说,它完全是一个普通景观;它不再是一个宇宙的形象,而是一个时代的特征。""疯癫不再凭借奇异的航行从此岸世界的某一点驶向彼岸世界的另一点。它不再是那种捉摸不定的绝对的界限。注意,它现在停泊下来,牢牢地停在人世间。它留驻了。没有船了,有的是医院。"③福柯敏锐地意识到了"理性时代疯癫史"之普遍、之原因、之危害。美国学者派纳(Pinar, W.)在《健全、疯狂与学校》一文中从教育的角度更为直接地表达了这种危害:

1. 幻想生活的过度膨胀或萎缩;

(接上页)张广君的观点,因为不论从理论上看,还是从实践上看,"教学认识论"作为一种主流观点都是相当有限的,即限定在知识的学习上,超越这一限定,它所许诺的目标就会落空。

① [德]卡尔·雅斯贝斯著,王德峰译:《时代的精神状况》,上海译文出版社1997年版,第108页。
② [法]米歇尔·福柯著,刘北成、杨远婴译:《疯癫与文明——理性时代的疯癫史》,生活·读书·新知三联书店2003年版,"前言"第4—5页。
③ 同上书,分别见第22页、第24页、第30页。

2. 通过模仿他人而致使自我分裂,或迷失在他人之中;

3. 依赖他人,且自主性的发展受到禁锢;

4. 受他人批评,且自爱(self-love)丧失;

5. 附属性需要受到挫折;

6. 自我的疏离,且疏离的自我影响了个性化过程的进行;

7. 自我导向变为他人导向;

8. 自我迷失,且将外在自我内化;

9. 将压迫者内化:虚假自我体系的扩展;

10. 学校群体的非个性化导致真实的个性遭到异化;

11. 由于得不到肯定而使人格萎缩;

12. 审美知觉能力退化。①

派纳在《健全、疯狂与学校》一文的结语中说:"我们毕业了,拿到了证书却没有清醒的头脑,知识渊博却只拥有人类可能性的碎片。"②这多么令人深思啊!与对教学和认识之共性的强调相对应,在教学实践中,对知识学习的过分强调,在相当程度上把人视为知识的容器,忽视人的价值和意义,缺乏对人的伦理观照,作为生活的主人的师生均被贬为可以加以利用的工具、手段,人的需要、价值、情感被淹没在单纯的知识目标之中,生命感在这里荡然无存。其结果是,将教学视为纯粹的认识活动,片面发展人的认识能力,看不到人的整体"形象",特别是作为"在场"的人的整体"形象"被"抽象"。叶澜教授指出:"把课堂教学目标局限于发展学生认知能力,是当前教学论思维局限性的最突出表现。这一方面是近代以来理性主义哲学和主智主义教育主流思想的反映,同时也是习惯于把原本为整体的事物分割为部分、方面的思维方法的体现。具体地说,就是把生命的认知功能从生命整体中分割出来,突出其重要性,把完整的生命体当

---

① [美]威廉·F·派纳、威廉·M·雷诺兹等著,张华等译:《理解课程——历史与当代课程话语研究导论》,教育科学出版社2003年版,第540—541页。
② 同上书,第541页。

作认知体来看待。"①这一说法道出了问题的根源和表现,与实际情况是吻合的,是有说服力的。放眼世界,当代"人的总体性失落了,人的完整性日渐丧失,即人的精神世界远遁了。文明进入到一个空前外在化、实证化、片面化的倾斜发展时期,文明的倾斜发展是导致总体性丧失的根本原因。"②人之精神远遁,缺乏超越性向度,迷失于"庞大的静止结构",这便是"教学认识论"的"悲剧范畴"。

因此,当代哲学诠释学所倡导的意义阐释维度,对我们认识"教学认识论"的上述缺憾是有意义的。教学理应与人的生命意义内在关联,意义理解理应成为教学实践活动的最终指向;或者说,教学本质上应该是理解活动,不论是在认识论意义上、方法论意义上,还是本体论意义上,都应该如此。这一观点可以简明地表述为:**在一般意义上,教学即对理解的自觉追求;在终极意义上,教学即理解。它们共同揭示了一个深刻的道理:教学的领域,是理解的领域。**这便是教学理解观的核心意涵。

二、在对话中重建教学理解

于"教学理解"这一研究课题而言,当代哲学诠释学主要是提出了问题,并没有真正地解决问题,但这已足够。海德格尔说:"任何发问都是一种寻求。任何寻求都有从它所寻求的东西方面而来的事先引导。"③这话是意味深长的,它告诉我们,任何一个问题,在它提出来的时候,都内在地隐含了求解的方向,甚至包含了提问者准备接受的解答,同时意味着提问者预先否定了一些难以接受的答案。哲学诠释学给教学实践活动所提出的问题也是在"寻求"——寻求教学的终极意义,当然,这里面也包含了我们拟排除和接受的答案,以及求解问题的基本方向。这就是,从马克思实践唯物主义的

---

① 叶澜:《让课堂焕发生命活力》,《教育研究》1997年第9期。
② 车玉玲著:《总体性与人的存在》,黑龙江人民出版社2001年版,第61页。
③ [德]海德格尔著,陈嘉映、王庆节译:《存在与时间》,生活·读书·新知三联书店1987年版,第7页。

基本立场、观点和方法出发,本着与哲学诠释学对话的精神,检视诠释学关于意义理解与阐释问题的认识,以期为教学理解问题的探讨提供启迪。

(一) 语言与实践,哪一个更根本?

重语言分析,轻实践阐释,这是哲学诠释学面临的主要问题之一。海德格尔立足于存在来揭示理解问题,把理解视为人的生命存在方式,但他所谓人的生命存在,不过是个体精神生命的展开,而不是基于社会现实的人的实践活动。伽达默尔强调理解的实践性,试图恢复古老的亚里士多德"实践智慧"传统,构建走向理论与实践双重任务的诠释学。但他所说的"实践",无非是不同于"理论知识"(Episteme)的实践知识(Phronesis,**亦作"实践智慧"**),也就是"实践理性"(Praktische Vernunft)。[①] 当马克思提出"社会生活在本质上实践的"这一论断时,便包含着对以生产劳动为基础的一切物质形式与精神形式的实践活动的肯认。哈贝马斯倒是给了物质生产以一定的地位,但他认为:"(人类)物种所学习的,不仅是对生产力发展具有决定意义的、技术性的有用的知识,而且包括对相互作用结构具有决定意义的道德——实践意识。"[②]他实际上把知识(包括技术知识和道德实践知识)置于人的实践活动之上,否定了社会实践活动的基础性价值。

布迪厄以为,"如果不把语言实践放在各种实践共存的完整世界中,就不可能充分理解语言本身",因为语言只是"作为整个存在的人类实践"的一个侧面。[③] 马克思早在100多年前就指出:"理论的对立本身的解决,只有通过实践方式,只有借助于人的实践力量,才是可能的;因此,这种对立的解决绝不只是认识的任务,而是一个现实生

[①] 这一观点伽达默尔在他的著作《真理与方法》、《科学时代的理性》、《赞美理论》中反复提及。参阅严平著:《走向解释学的真理——伽达默尔哲学述评》,东方出版社1998年版,第191—216页。
[②] [德]哈贝马斯著,张树博译:《交往与社会进化》,重庆出版社1989年版,第152页。
[③] [法]皮埃尔·布迪厄、[美]华康德著,李猛、李康译:《实践与反思——反思社会学导引》,中央编译出版社1998年版,第197页。

活的任务,而哲学未能解决这个任务,正因为哲学把这仅仅看作理论的任务。"[①]正因为哲学诠释学把意义理解与阐释问题仅仅看作理论的任务,仅仅看作语言过程,所以它才解决不了理解与人的生命存在的内在关联问题,尽管它作出了可贵的探索。我们必须看到,"理解发生于实践过程之中,或存在于实践基础之上。理解作为实践的自觉因素,是实践不可或缺的基本方面。实践规定着理解,理解表达着实践。实践的基本关系、基本矛盾和基本特点都在理解中得到了体现。理解的一切矛盾和一切冲突也都可以在实践中找到根源。只有从实践出发,把理解放到实践中去理解,才不致仅仅停留于对意识和理解的现象分析,才能从人类意义总体上抓住理解的本质,达到对理解的正确理解。"[②]教学理解发生、存在于教学实践活动之中,是教学实践活动的内在构成。将教学理解置于教学实践活动中加以考察,而不仅仅将教学理解视为语言过程,是马克思实践唯物主义与西方哲学诠释学"对话"给我们的深刻启迪。

问题是,教学主体对教学意义的理解是立足于对教学整体结构[③]的理解,还是立足于对教学个别要素的理解?这是教学理解研究必须解决的问题。我们认为,教学实践活动是一个情境化的主体际交互作用过程。在教学理解过程中,整体理解与要素理解都实际性地存在着,他们内在交融、彼此不可分割地结合在具体的教学理解之中。美国学者威廉·佩里(Perry, W.)说:"一个有机体所做的事情就是去组织;一个人类有机体所组织的东西就是意义。因此,并不是说一个人在构建意义,而是说一个人正在从事的活动就是采择意义的活动。"[④]在教学过程中,意义理解所依据的不是静态的物(教材、教具等),而是"过程中的事件状态",是教师、学生、教材、环境(milieu)之间动态交互作用的"完整文化"(entire culture),是一个动态平衡的"生态系统",教师与学生是课程的题中应有之义,是课程意义的创造者和主体。[⑤] 教学意义理解是过程取向

---

① 《马克思恩格斯全集》(第42卷),人民出版社1979年版,第127页。
② 刘少杰著:《理解的追寻——实践理解论引论》,吉林大学出版社1994年版,第5页。
③ 构成教学的所有要素总是以一定的结构关联性地存在的,此处的"教学整体结构"即指构成教学的所有要素。
④ [美]罗伯特·凯根著,韦子木译:《发展的自我》,浙江教育出版社1999年版,第13页。
⑤ Schwab, J·J., *The Practical 3: Translation into Curriculum*, School Review, No. 81, 1973.

的,指向于师生行为过程本身。在这个过程中,"问题不是我们做什么,也不是我们应当做什么,而是什么东西超越我们的愿望和行动而与我们一起发生"①。从课程范式的角度来看,教学意义理解倾向于一种"实践的课程范式"②。在实践的课程范式之视野中,"教师即课程"教师不是孤立于课程之外,而是课程的有机构成部分,是课程的创造者。对教师而言,教学理解过程,是一个职业成熟与人格成长的过程。在自觉意义上,或者说,在"反思性教学"或"行动研究"的意义上,是一个"着眼于改进实践而作出的系统的、反思的探究过程"③,是一个"提升教学实践合理性"④,"帮助教师从冲动的、例行的行为中解放出来","使教师以审慎的、意志的方式行动","成为一个有教养的人"⑤的过程,是一个"偏见"支持下的"行动引起反思"的"实践性情境理解"过程⑥。在自发层面上,教学理解"侧重于体验一个具体的情境中的意义方面",是"一种敏感的聆听和观察","一个富有思想的人比一个相对而言缺乏思想的人更能显示出对他人在一个具体的环境中的真正理解"。⑦ 同样,学生也是课程的有机构成,是课程的创造者。处于任何发展水平、任何年龄的学生都可以在心灵深处合法地提出下列问题:什么值得我体验和理解?我怎样才能迈入这个领域?我怎样才知道我正朝这个方向成长?等等。这样,对学生而言,"创造和接受课程变为同一过程,儿童的成长与成熟融于过程之中"⑧。当然,在笔者看来,教学理解过程首先还是师生的生活过程,他们总是理解着、生活着,生活是理解的生活,理解是生活的理解,在理解中进入生活,在生活中寻

---

① [德]伽达默尔著:《真理与方法》第2卷,转引自洪汉鼎著:《诠释学——它的历史和当代发展》,人民出版社2001年版,前言第1页。
② See Schwab, J·J., *The Practical: A Language for Curriculum*. School Review, No.78,1969.
③ Mckernan, J., *Curriculum Action Research*. Kogan Page Limited, 1991, p.5.
④ 熊川武著:《反思性教学》,华东师范大学出版社1999年版,第3页。
⑤ Brubacher, J·W. et al., *Becming a Reflective Educator, How to Build a Culture of Inquiry in the Schools*, Corwin Press, INC., 1994, p.25.
⑥ 刘良华著:《校本行动研究》,四川教育出版社2002年版,第109—115页。
⑦ [加]马克斯·范梅南著,李树英译:《教学机智——教育智慧的意蕴》,教育科学出版社2001年版,第111—113页。
⑧ Schubert, W., *Curriculum: Perspective, Paradigm, and Possibility*. New York: Macmillan Publishing Company, 1986, p.294.

求理解。教学理解过程既然是师生生活过程,那它当然也是一种追求生活质量的运动。因为"采择意义的过程是一种动态过程,一种表明生命存在的运动,一种呼吁生活质量的运动"①。让教学成为生命存在的运动,提升师生的生活质量,始终应该是教学的重要使命。

从方法论的角度说,长期以来,人们对像布鲁姆为指导课程开发而制定的认知目标分类之类的分级法的误用,在他们的头脑中植入了这种意志,即教学过程是对知识的分级学习过程,学习是一个必须按顺序从低到高的线性发展过程。因此,最初是知识层次,在该层次上引入主题,并保持在该层次上,直到形成一个完整的信息基础,然后帮助学生形成信息联系,进入理解层次,最后是应用层次,以此类推。只有在掌握了较低层次的知识以后才能进入更高层次发展(分析、综合、评价)。②"诠释学循环"理论表明,没有必要为教学设置如此严密的线性等级。即使是知识教学,也不要把知识看作由线形等级构成的,而应当看作以核心知识为基础而建构成的网络整体,这一整体包含事实、概念、原理,以及相关的情感、态度和价值观等等。理解总是在整体与部分之间对立统一的"辩证法"中进行的,人们几乎可以从任何地方进入这一整体进行学习,不一定完全按照线形等级从低层次开始;也不用害怕进入"诠释学循环","关键是以正确的方式进入循环"。加拿大学者大卫·杰弗里·史密斯的思考是明确的:"理解到底是一项线性的、相继的、不断累积和进化的工作,抑或是一件较复杂的、丛式的东西——不时地爆发出启迪之光,但并不是在任何种类的平面上或按任何特定的方向运作。"③

至此,我们可以清楚地看到,整体理解与要素理解呈现出一种混合态,二者是一种互补的理解结构,在教学理解中发挥既相区别,又相联系的作用。因此,无论是整体理

---

① [美]罗伯特·凯根著,韦子木译:《发展的自我》,浙江教育出版社1999年版,"中文版译序"第3页。
② [美]Thomas L. Good & Jere E. Brophy著,陶志琼等译:《透视课堂》,中国轻工业出版社2002年版,第519页。
③ [加]大卫·杰弗里·史密斯著,郭洋生译:《全球化与后现代教育学》,教育科学出版社2000年版,第120页。

解还是要素理解,不管它们各自有多少理据,有多大的合理性,都不能成为教学理解的唯一范式。整体理解与要素理解互补与协调,是超越教学理解问题上的"整体主义"与"要素主义"之对立的必然结论。我们将指出,实践唯物主义,是解决这一对立的基本指导原则,而基于教学实践活动的意义理解的辩证运动,则是协调二者关系的合理机制和途径。

(二) 先验与经验,一个合理的钟摆?

在先验与经验之间左右摇摆,是诠释学走不出去的一道藩篱。当哲学诠释学赋予理解以存在本体论意义时,他们更多注意的是理解的个体性、有限性、历史性和情境性。伽达默尔的"诠释学经验"这一术语集中体现了这些特征。但是,这并不是说,他们完全排除了理解的先在性因素和条件。"前理解"、"偏见"、"传统"等概念及其在理解中的作用,表明了他们关于人的存在和社会历史传统之于个人理解的先在性立场。不过,这种具有先在性的"前理解"、"偏见"、"传统"并不是一种实体性的存在物,也不是非历史的主体的先验意识,而是一种前科学的、主客交融的原始生命经验。它源于人的历史性存在。这样,先在的"前理解"、"先见"、"偏见"便失去了超越、统摄经验的先验地位和作用,而获得了一种更具经验色彩的意义:实现既在经验运用中,又在历史性经验中保持开放状态。与此相对,哈贝马斯似乎更多地注意到理解的先验性要求。他关于理解的普遍有效性前提的论述,先验的普遍语用学与经验语用学的区别,都在相当程度上反映出哈贝马斯与先验主义的思想渊源。只不过,哈贝马斯拒绝先验形而上学的纯粹思辨,强调经验因素、经验分析的重要性。然而,在他重建交往行为的一般规则的时候,他又否定了经验,提出要真正认识人,就必须揭示理解的普遍先决条件。因此,先验要求在他的诠释学中具有举足轻重的地位。在此意义上,哈贝马斯与哲学诠释学的论战实际上是意义理解的先验主义与经验主义的论战。

在我们展开教学理解问题的讨论时,我们不禁要问,先验与经验在教学理解中真是那么不可调和吗?如果二者能够结合,结合的基础与机制又是什么?在我们看来,理解的先验性与经验性在具体的教学理解活动中其实是内在结合的,其内在结合的基础是教学实践。在教学实践基础上展开的教学理解,其实现过程恰恰就是理解的先验性与经验性内在结合的过程。具体地说,理解的先验性制约着教学理解活动的参与者,成为人际沟通与理解不可回避的活动规则,具有先验的客观制约性。但从规则自身的来源来看,却有一个经验的积淀、内化过程,而且规则本身的运用也包含着教学理解活动参与者对规则的意义阐释与理解,这就构成了先验性规则在教学实践活动中开放、变化的可能性。另一方面,理解的经验性仅仅意味着理解所发生的特定情境和由此产生的效应,它包括作为理解者自身全部存在经验的"前理解"、"先见"和"传统"等,也包括作为理解对象的教学事象的特殊性,还包括二者在特定场域中的具体关系,以及由此所产生的特定效应。这些要素与构成方式、展开过程,如果指向意义生成与超越,就必然内蕴着价值指向的先验性诉求。因此,我们认为,教学理解的先验性与经验性并不是对立的,它们互为条件,彼此融贯。这一事实之所以得以可能,就在于教学理解内在于教学实践活动,以教学实践活动为基础,实现在教学实践活动之中。同时,教学理解还以教学实践活动为指向,二者统一于实现自身、发展自身、超越自身的人的生命活动之中。因此,只有从实践出发,才能把握通达教学理解问题的奥秘。马克思实践诠释学是克服教学理解问题上的先验主义与经验主义之对立的有力武器。马克思认为,实践不仅具有普遍性品格,而且具有直接现实性特征。实践的普遍性即实践所内在的普遍性诉求,直接现实性则是实践的经验性特征。先验性诉求与经验性特征本来就是一而二、二而一的东西。一旦脱离实践去讨论理解问题,先验与经验的疏异、割裂就无法摆脱。这便是诠释学在这一问题上的根源,也是它给教学理解问题的探讨所提供的启示。

(三) 相对主义,一个合法的命题?

自 20 世纪以来,人们对理解的确定性、绝对性和客观性发生了动摇,甚至一向标榜为确定性、绝对性和客观性之典范的自然科学,也在本世纪有了不同的看法,诚如理查德·J·伯恩斯坦所言:"没有任何事物甚至'硬科学',能避开相对主义论点的恢恢之网。"①库恩主张,科学发展是"范式"的转换,而范式不过是科学共同体的信念,是不可比的,并无正确与错误之分;拉卡托斯认为,任何知识都是可错的,数学与逻辑也是可错的,因为数学和逻辑也是经验科学或拟经验科学,而经验是不能证伪理论的;费耶阿本德明确宣称:科学本质上是一种无政府主义事业,它并无普遍的规范性方法,因为世界是一个巨大的未知实体,必须保持方法的开放性,避免预先对自己作任何限制。他说:"如果你想要一个永恒不变的准则,如果你离开原则就不能生存,我可以给你这个原则。它将是空洞的、无用的和荒唐的。——但它是一个原则:'怎么都行'。"②这些见解,从不同的角度构成了对绝对主义的一个强有力的挑战。

当代哲学诠释学对绝对主义的否弃颇令人关注。伽达默尔说:"理解从来就不是一种对于某个被给定'对象'的主观行为,而是属于效果历史,这就是说,理解是属于被理解东西的存在。"③在他看来,历史并不是已经过去了的东西或提供给后来理解者的现成的给定对象。历史只是一种"效果历史",它从属于意义生成过程。在理解过程中意义得以不断生成,不存在离开人的理解的客观意义("原意")。与康德宣称自己理解柏拉图比柏拉图本人的自我理解要好一些的那种自信不同,伽达默尔认为,我们不能自称更加了解柏拉图,我们只是了解的与他本人不同而已,"如果我们一般有所理解,那么我们总是以不同的方式在理解"④。在伽达默尔看来,由"前理解"或"先见"所展开的理解,使文本的意义始终保持未决状态。基此,他规定诠释学不是去制定正确理解的方法论规则,而应描述理解的一般条件和普遍特征。他认为,"我们一般地有所理解,总是以不同的方式在理解",理解在本质上不是"更好理解",而是"不同理解","理解始终是一种创造性行为"。正是这种拒斥方法论的极端倾向,使伽达默尔始终不能把握理解的客观性,不能正确界划合理的理解与有意无意的曲解,最终滑向相对主义,

---

① [美]理查德·J·伯恩斯坦著:《超越客观主义和相对主义》,光明日报出版社1992年版,第16页。
② 夏基松著:《西方科学哲学》,南京大学出版社1987年版,第243页。
③ [德]伽达默尔著,洪汉鼎译:《真理与方法》上卷,上海译文出版社1999年版,第8页。
④ 同上书,第381页。

并将之合法化。过分强调理解的历史性、开放性,使哲学诠释学陷入相对主义的困境。

有学者指出:"现代相对主义的主要问题并不在于它的'可笑',而是出在与其'人学'宗旨相背离。"[1]的确如此,相对主义在消解了阻碍人的自由和创造的本质、基础和中心,拥有了自由和创造的权力之后,反而陷入了更大的痛苦、焦虑和压抑乃至悲观和绝望的境地:获得自由的人们压迫逃避自由[2],没有固定本质限制的人的存在却需要勇气[3],一切似乎都颠倒了。其实,这并不足以为怪,因为相对主义消解了人类所有的"阿基米德点",把人推向了一个非确定性的世界。在这里,人的信仰出现了问题,精神出现了危机。罗蒂对此亦有认识,他说:"在一个后哲学文化中,人感到自己是孤独的、有限的,与某种超越的东西失去了任何联系。"[4]这样,人在从近代的机器世界、异化存在中超拔出来之后,又落入了另外一种同样难熬的世界。看来,相对主义并不是一种导向完美人生的合宜方式,反倒是人学的另一重困境。

应该说,在意义理解的评判标准上,相对主义的不少观点违背人类精神理解活动实际,在理论上很难自圆其说。

上述观点为我们进一步探讨教学意义理解的客观性问题提供了诸多启发。笔者认为,教学意义理解是有其客观尺度的,是可以进行优劣比较和理性选择的。但是,这种客观性又不是绝对的,而是随着教学实践的发展而不断发展的。超越绝对主义与相对主义之间的论争,正确阐明教学意义理解的客观标准,必须回到起点上,明了教学理解的性质和基础,弄清教学实践活动缘何必须以意义理解为取向,以及如何进行意义理解等问题。唯其如此,才能在此基础上把握教学意义理解客观尺度在教学理解过程中的真实内涵与实际功能。

我们承认教学理解有相对性,因为教学理解活动只能在特定的历史境遇中现实地展开,并整合于作为理解对象的教学实践活动之中,成为教学意义生成不可或缺的环

---

[1] 李文阁著:《回归现实生活世界——哲学视野的根本置换》,中国社会科学出版社2002年版,第195页。
[2] [美]弗洛姆著,陈学明译:《逃避自由》,工人出版社1987年版,第23页。
[3] [美]蒂利希著:《存在的勇气》,贵州人民出版社1998年版,第11页。
[4] [美]理查·罗蒂著,黄勇编译:《后哲学文化》,上海译文出版社1992年版,第21页。

节。从教学理解者的角度来说，教学理解活动赖以展开的先在条件"前理解"、"偏见"、"传统"等，作为个体生命活动的存在经验，具有鲜明的个体性、具体性和独特性。所有这一切都说明，作为意义阐释的教学理解，不同于传统认知主义模式，即客体意义先于认识活动而存在并凝固化，教学主体只要以旁观者的身份站在客体之外，排除"偏见"，便可把握客体的全部意义。教学理解之所以不同于这种认知主义模式，是它对全部卷入教学理解活动的因素与环节作了一种历史性理解：理解主体是历史的，意味着他不可能跳出他的历史存在条件之外去把握教学事象的全部意义；理解客体是历史的，意味着它的意义并不是固定在某一时刻或封闭于自身之内，而是开放于现实的教学理解与解释活动之中；理解的中介是历史的，意味着负载着意义的语言和语言性的文化传统并不仅仅是教学主体可以随意支配、操纵的工具，而是在历史的、具体的运用中遵循自身的逻辑；理解的目标是历史的，意味着在任何确定的时刻理解的完成或结果的获取都只具有相对的、暂时的性质，教学的意义仅仅在师生的生命活动中才得以揭示与展现。

那么，教学理解的历史性是否取消了它的客观性呢？我们的回答是否定的。与那种把教学理解的历史性视为客观性之障碍的观点相反，我们认为，教学理解的历史性恰恰是它的客观性的根据、条件和保证。**（详细讨论见第十章）**对教学理解与解释的结果，教学主体不但能够，而且事实上也在比较优劣。在具体教学过程中，比较的标准在形式上通常是带有主体间性的客观准则：如合于证据、逻辑自恰、推理严密等，所谓"言之成理，持之有故"即是。但从实质上看，或从本源上看，却是以历史长河中实际发生和展开的教学实践活动为基础，以教学主体的自我理解与自我超越为指向的，具有鲜明的自为性质。

哲学诠释学的"发问"是耐人寻味和富有启发意义的。它提出的各种观点不乏有价值的见解和合理的因素，对以意义阐释与把握为指向的教学理解研究来说，这是一笔难得的学术资源。同时，我们也必须看到各派诠释学囿于自身世界观与方法论的局限所存在的问题。从实践唯物主义的基本立场，检视教学理解与教学实践活动的内在关联，理解教学事象之意义与理解人的内在关联，理解人与发展人的内在关联，理解的先验性与经验性的内在关联,凸显马克思关于实践唯物主义的使命在于"使现存世界革命化,实际地反对和改变事物的现状"①的精神实质。在笔者看来,以此思路展开教学理解问题的讨论,正体现了马克思哲学所内蕴的实践诠释学之精髓。

三、从实践诠释学的观点看

与有意无意忽视实践的西方各派诠释学不同,马克思把实践概念引入诠释学而澄清了一切理解活动的本体论前提。从理解与解释理论的角度看,马克思的实践诠释学主要包含以下内容:②

1. 实践活动是全部理解与解释活动的基础。在几乎与马克思同时代的狄尔泰和狄尔泰以前的诠释学研究中,人们通常是以静观的态度来研究观念和文本的,即使探索观念、文本与实际生活的联系,也没有把实际生活理解为实践活动。马克思对诠释学研究的第一个贡献是:把实践活动作为全部理解活动的基础和前提引入了诠释学。他认为,一切理解和解释活动从本源上看都起源于实践,从内容上看都指向实践活动,从功能上看都服务于实践活动。马克思通过把实践概念引入诠释学而澄明了一切理解与解释活动的本体论前提。伽达默尔在追溯历史的时候,高度评价了亚里士多德"实践智慧"的概念,完全撇开了马克思关于理解、解释活动与实践活动关系的精辟论述。实际上,当我们重读马克思关于"社会生活在本质上是实践的"有关论述的时候,我们可以发现,马克思的这些论述远比亚里士多德的"实践智慧"概念更为深刻地影响了诠释学的发展。

2. 历史性是一切理解和解释活动的基本特征。在马克思看来,任何实践活动都是现实的人在既定的历史条件下所从事的活动,这种实践活动的历史性必然会导致理

---

① 《马克思恩格斯选集》(第1卷),人民出版社1972年版,第48页。
② 俞吾金著:《实践诠释学——重新解读马克思哲学与一般哲学理论》,云南人民出版社2001年版,第83—96页。

解与解释活动的历史性。人们的理解与解释活动总是受到自己的历史性的制约,理解与解释活动总是在确定的历史性铺设的地平线上展开的。正是从理解与解释的历史性出发,马克思引申出以下三个结论:第一,道德、宗教、形而上学和其他意识形式由于一定时代的实践活动的历史性而失去了独立性外观;第二,在物质实践活动中占支配地位的统治阶级,其思想和观念也必然在理解与解释活动中占支配地位。在这方面,马克思远比尼采、福柯等思想家更早地意识到权力与理解、解释活动之间的内在联系,这种内在联系乃是隐藏在一切理解和解释背后的本质性的历史因素。第三,近代社会的生产劳动表现为异化劳动,异化这种历史特征也必然赋予近代社会以来的各种理解与解释活动以深刻影响。这就摒弃了一切抽象态度,透显出不可超越的历史维度。

3. 意识形态批判是正确地进入诠释学循环的道路。在马克思看来,一定时期的意识形态构成该时期的理解与解释活动的总体背景,换言之,构成了理解者的先入之见的基础。理解者只有回到实践活动的地平线上,确立历史唯物主义世界观,"跳出意识形态",才能正确地进入诠释学循环。相反,如果理解与解释局限于文本或单纯的思想观念范围内,理解者必将失去对其先入之见的批判性反思,从而就不可能正确地进入诠释学循环。

4. 对语言独立王国的解构。语言是一切理解与解释的媒介,古典诠释学和当代诠释学的一个通病是把语言视为独立王国,把全部理解与解释活动封闭在语言这个独立王国之内。马克思在推进诠释学发展方面的卓越贡献之一是揭示了语言在人类实践活动中的起源。马克思指出:"这种语言上的名称,只是作为概念反映出一定的外界物那种通过不断重复的活动变成经验的东西,也就是反映出一定的外界物是为了满足已经生活在一定的社会联系中的人(这是从存在语言这一点必然得出的假设)的需要服务的。"[1]"哲学家们只要把自己的语言还原为它从中抽象出来的普通语言,就可以认清语言是被歪曲了的现实世界,就可以懂得,无论思想或语言都不能独自组成特殊

---

[1] 《马克思恩格斯全集》(第19卷),人民出版社1963年版,第405页。

的王国,它们只是现实生活的表现。"①这就从根本上解构了把语言视为独立王国的普遍幻觉:不管语言在理解与解释活动中显得多么重要,然而它毕竟是人类实践活动之手放出来的一只竹制的风筝。

马克思实践诠释学的上述学术洞见对我们全面认识教学理解与教学实践活动的关系具有重要指导意义。

教学理解作为一种精神活动,自身并没有独立自足的意义,它内在于教学实践活动之中,是一种实践性理解;而教学实践活动则是教学主体理解了的实践或理解性实践。马克思在《关于费尔巴哈的提纲》一文中指出:"从前的一切唯物主义(包括费尔巴哈的唯物主义)的主要缺点是:对于对象、现实、感性,只是从客体的或者直观的形式去理解,而不是把他们当作感性的人的活动,当作实践去理解,不是从主体方面去理解。因此,和唯物主义相反,能动的方面却被唯心主义抽象地发展了,当然,唯心主义是不知道现实的、感性的活动本身的。费尔巴哈想要研究跟思想客体确实不同的感性客体;但是他没有把人的活动本身理解为对象性的活动。"②在这段著名的论述中,马克思明确指出了,不能只是从客体的形式去理解事物、现实、事实等,而要从主体(人)、实践方面去理解、认识和改变世界。由此观点出发,南京师范大学鲁洁教授指出:"以往的教育学由于不是以实践为基础去考察教育考察人的发展,没有把人的发展看作是教育过程中主客体相互作用的结果,往往把发展看成是一种内在结构的自律的变化,把它的规律等同于自然的规律,把这一过程视作自然的过程。为此,在这种过程中的人被仅仅看作是规律的体现者、传导者。因此,教育成为无主体的过程。在这里,对于人的发展也只是从客体形成上去理解,而'不是把它们当作感性人的活动,当作实践去理解,不是从主体方面去理解'。这种认识和观念似乎是强调了过程与规律的客观性,实际上违反了马克思主义的本意,陷入了旧唯物主义的巢穴。教育的生物学化与教育的

---

① 《马克思恩格斯全集》(第3卷),人民出版社1960年版,第525页。
② 马克思著:《关于费尔巴哈的提纲》,《马克思恩格斯选集》(第1卷),人民出版社1995年版,第54页。

心理学化不足之处都在于此。"[①]因此,从实践出发去认识教学理解,这是坚持马克思实践诠释学思想的具体体现。教学理解只有纳入教学实践活动之中,成为教学实践活动自身的构成性要素才是真正可理解的;而通过对教学实践活动的理解,教学的意义才能真实地被揭示出来。通过教学实践活动,我们不但可以判断教学理解是否具有"真理性",还可以检验教学理解是否具有促进教学主体的"解放的力量"。"在实践中理解"与"对实践的理解"二者的结合,很好地体现了马克思实践诠释学的精神实质。

马克思的实践诠释学不仅为我们认识教学理解与教学实践活动的关系提供了理论指导,而且为我们正确地解决教学理解的理论问题,构建教学理解的理论框架提供了一把钥匙。

首先,教学实践活动是教学主体的现实生命的展开过程,教学理解则是教学主体精神生命的实现过程,二者在实践中内在统一。教学实践活动与教学理解活动的内在关联与统一,决定了教学主体对教学意义的理解必须指向人的自我理解与自我超越。[②] 教学实践活动是教学理解的本体论前提和基础,它规定了意义之为意义和意义存在的理性依据。这就正确地解决了"教学意义存在何处"的问题。

其次,教学理解是在教学实践活动的基础上,通过知识取向的教学理解、价值取向的教学理解到解放取向的教学理解的发展、演化的统一过程,在教学主体的自我理解与对教学事象的理解、个体理解与群体理解的循环互动中展开的。在其中,教学意义得以构建、增殖与扩展,有力地促进了师生生命意义的开启,为实现人性丰富完善与自由解放提供了可能。这就正确地解答了"教学意义如何揭示"的问题。

最后,从实践诠释学出发认识教学,即是从实践的角度、主体(人)的角度认识教学存在,教学理解的尺度因此而有了新的内涵——它不是一个纯然自在的客观物,也不是一个纯然主观的个人意图;教学理解内蕴着教学主体的目的和价值,具有自为客观

---

① 鲁洁:《教育:人之自我建构的实践活动》,《教育研究》1998 年第 9 期。
② 杨四耕:《教学理解与人文化成——教学诠释学研究》,《华东师范大学学报》(教育科学版)2004 年第 4 期。

性。这样,我们就能够超越绝对主义与相对主义的对立,重新确认教学理解的意义准则,正确地回答"教学意义的尺度是什么"的问题。

总而言之,教学理解的理论与实践问题可以在马克思实践诠释学理论视域中得到统一理解和具体阐发。本书将循此线索进一步探讨教学理解的基本问题。

第五章
教学理解与人文化成

"实践,只是理解性的实践。"教学理解并不是外在于教学实践活动的另一种活动,它本身就是教学主体的生命活动的一种具体形式,是教学实践活动的内在构成。教学理解和教学实践活动是一个过程的两个方面:内隐的和显现的。从现象上看,教学即行为;从深层想,教学即理解。换言之,教学主体的精神生命过程,并不外在于教学实践活动过程,并不是离开教学主体的现实生命活动过程的另一种过程。

意义的寻求与探索,是教学理解不可或缺的维度。当代哲学诠释学追问意义理解得以可能的根据这一取向,抽象地看似乎天经地义,它从人的维度富有创意地确立了理解的本体论性质。我们所不能同意的,主要是它把对这种可能的根据的追求仅限于语言分析领域,带来了它自身无法摆脱的困境。马克思的实践诠释学以实践唯物史观为本体论基础,为走出这一困境,正确阐明教学理解得以可能的根据,提供了强有力的理论支撑。

本章拟结合马克思实践诠释学的思想,通过阐明作为师生的精神生命活动的教学理解与作为师生的现实生命存在的教学实践活动[①]的内在关联,揭示教学意义产生、存在的本体论根据。

一、教学理解的本体论基础

(一) 教学本体与教学理解本体

欲知教学本体的内涵,首先得明确本体的含义。在哲学上,本体又称"存在",不是指某种具体的存在形式("存在者"),而是指超出具体存在的存在本身。用亚里士多德的话来说,就是"作为存在的存在"、"存在之为存在的根据"。具体的存在形式是相对的、特殊的、有始有终的;而存在本身,则是绝对的、普遍的、永恒的。相对而言,存在本身逻辑在先,具有"本原"、"普遍本质"的含义,因此将此类存在称为"本体"。相应地,

---

[①] 张广君认为,教学存在是一种人为的存在,主要指在人类历史长河中曾经存在、正在存在和可能存在的教学事象,以及人们头脑中关于教学的既有经验、行动观察、未来理念等教学意识,同时还包括由此衍生的、作为教学意识的客观化存在形式的教学理论。教学存在有着多种基本形式,按照与人的认识的关系状态,可以分为主观观念的教学存在、客观自在的教学存在、客观现实的教学存在和客观观念的教学存在四种。(参阅张广君:《教学存在的建构交往观:内涵·特征·意义》,《西北师大学报》(社会科学版)2001年第11期)。在本文中,教学实践活动主要是指客观自在的和客观现实的教学存在,也就是教学本体存在,是由教学的实体、活动、关系、过程、环境及其内在联系所构成的统一体。

研究此类存在的学问即为"本体论"。本体论研究此类存在的目的在于,从逻辑上将它作为存在者产生的根据,为人寻求安身立命的根据。

据此衍义,教学本体就是教学实践活动的本原、普遍本质,它是一切教学实践活动产生、发展的根据和基础。相应地,教学本体论就是从逻辑上论证教学本体,为人寻求安身立命之所。就前者而言,是说教学本体是关于一切教学实践活动的事实根据;就后者而言,则指它是教学实践活动的意义根据①。

在马克思的实践诠释学理论构架中,实践是人类所特有的改造世界的方式。按实践对象可以区分为改造客观世界的实践活动与改造主观世界的实践活动。教育作为人之自我建构的实践活动,是人自我生产、自我创造的客体主体化的过程,也是一个已经对象化的人的本质力量再向主体回归、同化,创造出新的"精神无机体"的过程。② 从个体发展的角度看,是人在与确证其本质力量对象化相互作用中,重新建构包括他的需要、能力、知识结构、思维模式等等在内的心智结构的过程。对于这样一个通过实践而实现的客体主体化过程,我们不能简单地理解为现实存在的客体在主体身上的简单的复现。实践是主观世界和客观世界的转换器,它所实现的是两种转换:一是客观世界通过实践转换为主观世界,实现主观世界与客观世界之间的同化,即在改造主观世界的实践中,每个个体通过与一定历史时代人所创造的人化世界交互作用而获得相应的规定,获得人类社会共有的智慧;二是实践按其本性而言所实现的另一种转换,即将人的理想存在转换为现实存在。为此,在改造人的主观世界实践中,它所指向的是要将存在于理想、目的中的人转换为现实存在的人。实践这种目的活动就是"要扬弃对象原有的规定性,并赋以新的规定性,实现人的目的。为了消灭外部世界的规定的方面、特征、现象来获得具有外部现实形式的实在性"③。马克思在《德意志意识形态》中曾形象地说明了这一点:"人们不应当再拿某种不以个人为转移的tertium comparations(用作比较的根据即标准)来衡量自己,而比较应当转变成他们的自我区

---

① "意义根据"即教学实践活动之所以有价值、效应的根源和基础。
② 鲁洁著:《教育:人之自我建构的实践活动》,《教育研究》1998年第9期。
③ 《列宁全集》(第55卷),人民出版社1990年版,第183页。

分,即转变成他们个性的自由发展,而这种转变是通过他们把'固定观念'从头脑中挤出去的办法来实现的。"①在实践转换中,前一种转换为后一种转换的手段与条件,后一种转换才是改造主观世界实践中的客体主体化的本意所在,即客体主体化要归结为主体对客体的超越,造就出创造历史的人。由此可得出的教育学结论是:教育虽然存在一种外部施加影响的过程,但是其主题却应是促进、改善受教育者主体自我建构、自我改造的实践活动过程。作为教育学细胞的教学过程其本质也不在于"认识你自己",而在于"改变你自己"。

然而,教学本体并不直接就是教学理解本体。教学理解本体主要是指进入理解和解释活动的教学事象的意义根据。它着意关涉的是,与事实世界既相联系又相区别的意义世界。一方面,进入理解活动的教学事象并不是一切已存在、存在着和将存在的所有教学实践活动;另一方面,已纳入理解过程的教学事象具有独特的价值和重要意义,与人的生命存在有着深刻的、直接的内在联系。因此,从根本上说,教学理解本体不能简单地从教学事象的事实根据去寻求,即不能简单地从现象的因果关系方面去寻求,而要从意义的根据方面,即从教学主体的动机、意图与教学事象及结果的意义联系中去探寻。一方面,这种意义联系取决于理解与解释所发生的特定场域(主要是课堂),另一方面,教学主体的历史性存在方式和教学实践活动的可能条件规定了理解对象的意义域。因此,教学主体的动机、意图与教学事象及结果的意义联系,决不能仅仅理解为教学实践活动原初发生时教学主体的动机、意图与教学事象及结果的一一对应的因果关系。它是一个在特定场域中从属于不断的理解与解释过程,并具有自主性和开放性的意义联系。在特定的场域中活动,并由这一特定场域建构的理解者,参与了这种意义联系的建构。借用伽达默尔的术语来表述,意义的发生即"视界融合",也就是说,意义存在于由文本所规定的"视界"与理解者自身历史条件规定的"视界"发生"融合"之处。意义从属于理解和解释,从属于人的生存活动。因此,作为意义根据的教学理解本体,不是只涉及在人之外的对象自

---

① 《马克思恩格斯全集》(第3卷),人民出版社1960年版,第518页。

身的客观依据,而主要涉及教学事象与教学主体的一切可能的价值联系的客观根据。

意大利当代著名诠释学家埃米里奥·贝蒂认为:"任何实践活动都具有可以是无意识的然而是有征象的内在意义,并且,如果想利用这种内在意义作为进一层考虑的基础,这种内在意义还会成为重要的。就作为征象而言,内在意义可以用作为达到某个人的基本观点及其感知和评判他周围事物的富有特征的方式。"① 很显然,这种"有征象的内在意义"与人的生命存在有关。从深层上看,人的生命存在在本源意义上具有不确定性、未完成性和开放性之特质。恰恰由于这些特质,人必须通过自己的活动来确证自己、完成自己;也恰恰因为人在确证自己、完成自己的过程中永远保持着开放性,人的活动也就必然成为人不断的自我超越的活动。在教学实践活动中,人的不确定性、未完成性和开放性正是通过教学主体有目的的自觉活动折射出来,凝聚在教学事象之中,构成教学实践活动的意义根据,成为任何教学理解活动不可回避的前提和出发点。

概言之,教学理解本体是教学主体与教学实践活动之关涉的意义根据,是任何教学理解活动的必要前提、基础或一般。

(二) 教学实践活动的本体论蕴涵

教学实践活动作为一种人为的存在,最突出的特点就在于它的目的性和意识性。它总是在一定目的、动机、意图指导下展开的,是一个合目的的过程。但是,教学实践活动又不是一个纯主观的过程,在一定意义上,它也是一种客观存在:第一,教学行为一旦成为教学事象,便具有某种客观自在性。第二,与此相关,教学事象的意义具有独立的客观性,而不仅仅是教学主体的主观动机或意图的外部表现。教学行为一旦做

---

① [意]埃米里奥·贝蒂著,洪汉鼎译:《作为精神科学一般方法论的诠释学》,载洪汉鼎主编《理解与解释——诠释学经典文选》,东方出版社 2001 年版,第 127 页。

出,其实际意义不仅表现在教学发生的特定场域,而且对教学主体以后乃至整个教学实践活动都将产生或大或小的影响。第三,由于教学意义的开放性,教学事象的指谓范围已越出表面指谓的限制,即越出原初发生时的特定场域中所指向的目标物,而具有了新的指谓范围——人的生命未来。在这一指谓范围内,蕴涵着教学实践活动对人的生命存在的可能性的敞现。

教学实践活动的以上客观性,从根本上制约着教学理解活动。试图通过诉诸教学主体的主观意志来寻求对教学事象及结果的因果说明,这既不可靠又不可能。说它不可靠,是指教学事象自身作为具有自主性特征的过程,其意义已经超越了教学主体原有的主观意向,从教学主体的主观动机或意图上无法正确说明教学事象自身独立的客观意义。说它不可能,是指在实际教学过程中,教学主体无法在本义上恢复教学事象的原有动机与意图。当我们询问"教学事象是什么"、"教学事象意味着什么",只有通过教学主体的理解和解释过程才能得到说明。在马克思看来,"人创造环境,同样环境也创造人。"[1]在这个双向建构、互动互变过程中,教学实践活动发生着、进化着、完善着。这正是在教学理解问题上,所有诠释学循环中最具根本性、优先性的循环。教学理解作为教学主体的一种精神生命活动,植根于教学实践活动。换句话说,教学实践活动是教学理解活动的本体论基础。[2]

值得说明的是,教学实践活动既具有事实本体的蕴涵,又具有意义本体的蕴涵。作为一种事实本体,教学实践活动提供了从事实描述的角度去认识教学客观规律的可能;作为一种意义本体,则保证了从意义理解的角度去把握教学自为存在的丰富内涵。

---

[1] 《马克思恩格斯选集》(第1卷),人民出版社1972年版,第43页。
[2] 从诠释学的角度看,实践活动是理解和解释文本的基础和前提。(参阅洪晓楠著:《文化哲学思潮简论》,上海三联书店2000年版,第27页)由此观点出发亦可得出"教学实践活动是教学理解活动的本体论基础"之结论。应该说明的是,教学理解活动本身并没有自足地位,它内在于教学实践活动,故曰"教学实践活动是教学理解活动的本体论基础";此处所谓"本体论基础"即本源性基础或原生性基础。

二、教学理解内蕴于教学实践活动

教学理解并不是外在于教学实践活动的另一种活动,它本身就是教学主体的生命活动的一种具体形式,是教学实践活动的内在构成。换言之,教学主体的精神生命过程,并不外在于教学实践活动过程,并不是离开教学主体的现实生命活动过程的另一种过程。前者内在于后者之中,是后者不可分割的组成部分。

(一) 教学理解内蕴于教学实践活动

教学理解内蕴于教学实践活动的每一时刻,发生在教学实践活动的每一方面。

就教学要素而言,教学理解渗透在其中的每一个方面。在教学过程中,学生的理解大体上有四个方面:(1)对教材、课程和教师的解释的理解,主要表现为对知识的理解。(2)理解各种教学表达式,教学活动、教学环境、教学关系、课堂文化以及课堂中的一切都是教学表达式,都有一定的"意义"。学生通过对教学表达式的理解,使自己与各种表达式建立起整体的意义联系,从而形成对自己的观念、思想、情感的"再体验"。学生对教学表达式的理解是教学的重要方面。意义不仅仅通过知识而表现,更多地是通过活动、关系、环境、文化而发生,这些都是学生直接参与、直接体验的,与学生的内在精神、人格、情感、态度和价值观发生直接的关联,因而直接地影响着学生的生活信念和人生取向。(3)对教学中他人,对师生关系、同伴关系的理解。这也是教学实践活动中重要的一方面,对学生而言甚至是最重要的一个方面。(4)学生在发展中对自我的理解。学生精神的成长是个体在内在的理解中进行的,每一个新理解都是精神的更新,都是精神的拓展。"教育引导学生的发展,其实就是引导学生的自我理解,从而形成自我发展,自我教育,学生在教育中的理解,其实就是在理解世界的同时进行自我理解,从而使精神的发展不断超越现实性,和实现可能性。学生的发展就是教育引导下的自我发展。"①

在教学过程中,教师的理解即加拿大学者范梅南所说的"教育学理解(pedagogical understanding)",它与"教育学思想(pedagogical thoughtfulness)"紧密相连,是"一种敏感的聆听和观察",主要包括这样一些方面:(1)非判断性理解。它与一种接受性的、开放性的、同情性的、真诚的、帮助性的聆听有关,"指向于感知和理解孩子在情感、情绪和建构意义方面的主体性",其任务是"鼓励孩子们表达出他们自己的想法,谈论他们所关心的任何事,并让他们知道他们的感情得到了认可和尊重",而不作批判性或否定性的判断。(2)发展性理解。他们能够理解学生生活中所特有的发展的、家庭的、文化的和社会的各种模式,能够对认知的和道德的发展的典型阶段、对学生所经历的生活时期有敏锐的洞察力,能够帮助学生克服具体情境中的障碍,使之更加成熟。(3)分析性理解。分析性理解的目的是将有害的而又隐藏起来的情感转换成个人成长的积极力量,帮助学生形成强烈的良知、精神和勇气。(4)教育性理解。教育性理解是基于对学生如何体验课程的理解,基于对学生学习过程中优缺点所进行的诊断和评价,指向领悟学生在生活的发展过程中成为一个受教育的人的真正意义。(5)形成性理解。形成性理解是基于对一个具体的学生的生活和它的特别之处全面而亲密的认识。所谓"全面",指对学生生活的更深层的和充满意义的各方面的意识;所谓"亲密"是指教师和学生保持一种十分亲近的距离,能够对每一个学生的生活历史获得全面的理解。② 总之,教育学理解是一种"投入式的理解",在这个过程中,教师由此而获得职业的体验和人生的价值,理解干预了教师的专业成长。

总而言之,理解在教学实践活动中是普遍的。教学理解和教学实践活动本来就是一个过程的两个方面:内隐的和显现的。从现象上看,教学即行为;从深层想,教学即理解。教学理解伴随着相应的教学行为,而教学行为又凝聚着相应的教学理解。

---

① 金生鈜著:《理解与教育——走向哲学解释学的教育哲学导论》,教育科学出版社1997年版,第80页。
② [加]范梅南著,李树英译:《教学机智——教育智慧的意蕴》,教育科学出版社2001年版,第111—130页。

（二）教学理解是教学实践活动的教化机制

教学理解内蕴于教学实践活动的全过程和全方面，还只是从现象上描述了二者的相关性。只有具体阐明教学理解在教学实践活动中的地位和作用，才能真正触及二者内在相关的实质。深入教学实践活动的深层结构，不难发现，教学理解实际上是作为教学实践活动的教化机制发挥作用的。所谓教化机制，是指教学实践活动何以实现自身的价值和意义的内在机制。在伽达默尔看来，教化（bildung）意味着深刻的精神转变，使人们能够于生疏的、异在的东西中找到意义，寻到共同的视点，它"并不是在技术构造的方式里完成的"，"教化的结果总是处于经常不断的继续和进一步教化之中"，"正如自然一样，教化没有自身之外的目的"，"在教化中，某人于此并通过此而得到教化的东西，完全变成了他自己的东西"。[①] 教学理解是怎么在"异在"的教学实践活动找到意义，并"并通过此而得到教化的东西，完全变成了他自己的东西"，使教学主体发生深刻的精神转变的呢？

1. 教学实践活动的属人性质决定了教学实践活动的自然进程（作为过程的教学）只有借助教学主体的活动（包括教学理解）才能实现。在人的生命活动意义上，教学实践活动的客观规律是教学主体的"自律规则"，而不是主体缺席的、具有外在强制性的"自在规律"。它要通过教学主体的理解并通过这一理解的融入，才得以体现和发挥作用。当然，教学实践活动及其结果也不是教学主体的主观意向的投射，而是一个有着客观规律和客观条件制约的客观过程，但这种客观制约性是通过教学理解过程来体现的。"实践，只是理解性的实践。"通过教学理解，教学客观规律在教学实践活动中成为教学主体的自律法则，教学客观条件成为教学主体的活动的有机要素。没有通过教学理解而达到的对教学实践活动的一定程度的把握，教学实践活动就会陷入盲目，其结果必然是受外在规律和客观条件的强制性制约，进而沦为一种类似于自然存在物的自

---

① ［德］伽达默尔著，洪汉鼎译：《真理与方法》上卷，上海译文出版社1999年版，第13页。

在运动。

  2. 教学主体通过对教学意义的理解而达到自我理解，这是教学实践活动的意义指向与价值规范。这一指向与规范调节着教学实践活动的向度和演化。这也是教学实践合理化的基本保证。"教育即解放"①。是否造就个性更为丰富、全面的人是教学实践活动是否合理的重要尺度。教学理解担负着调节教学实践活动的目标、进程、手段、方式的任务，并使这一活动过程更加合理。有必要指出，教学主体对教学实践活动的调节，实质上是教学主体对自身行为的自我调节。无疑，它应该以教学主体对自身及活动的理解与解释为前提。因此，教学主体对教学意义的理解实际上是人对教学实践活动的内在调节机制，而不是教学主体之外的力量支配教学实践活动。

  不难发现，教学理解作为教学实践活动的教化机制对教学实践活动的合理运行或教学实践合理性具有重要意义。教学实践合理性即"教学实践合目的性与合规律性的统一"。② 这种"统一"有赖于教学主体的"理解"，如此，教学实践合理性才能得到有效保证；如此，教学实践活动的教化价值才能得到真正实现，才能使教学主体发生深刻的精神变革。

三、教学理解与人文化成

  一切理解都是自我理解。教学理解决不是教学主体对自身之外的对象的冷静直观或沉思，而是教学主体对自身生命意义的把握。人是一个未完成的存在，对于"人是什么"，并没有预先的设定，也没有人之外的力量来决定，人只有通过自由自觉的生命活动来确证。"人永远不会变成一个人，他的生存是一个无止境的完善过程和学习过

---

① 联合国教科文组织国际教育发展委员会编著，华东师范大学比较教育研究所译：《学会生存》，上海译文出版社 1979 年版，第 191 页。
② 熊川武著：《反思性教学》，华东师范大学出版社 1999 年版，第 16 页。

程。人和其他生物的不同点就是由于他的未完成性。"①教学理解内蕴于教学实践活动之中,成为教学实践活动的内在构成;在终极意义上,教学理解即是教学主体对自身生命意义的澄明,而这种澄明最终指向教学主体的自我超越,使他"不停地'进入生活',不停地变成一个人"②。

(一) 教学理解与人的自我理解

"人是什么",这是一个玄奥的斯芬克司之谜。在马克思看来,人的本质并不是单个人的抽象物,"在其现实性上,它是一切社会关系的总和。"③这就是说,人在社会历史中存在,因而也只能在社会历史中得到规定,从人的实践活动中才能真正捕捉到"人是什么"的谜底。

教学作为一种人为的存在,不是给定的现成物,它实际上是人的生命存在方式之一。在这里面,蕴涵着"人是什么"的答案。对教学意义的理解与解释,正是在这种人学意义上转化为人的自我理解的。马克思说:"随着对象性的现实在社会中对人说来到处成为人的本质力量的现实,成为人的现实,因而成为人自己的本质力量的现实,一切对象对他说来也就成为他自身的对象化,成为确证和实现他的个性的对象,成为他的对象,而这就是说,对象成了他自身。"④由此看来,教学实践活动实质上是人的本质力量的对象化,凝聚着人的本性,是人的生命存在之本身,这一学术视点构成了"教学理解即自我理解"的客观依据。

在教学理解中,理解主体与客体的相关及对教学实践活动的从属,使教学理解获得了二重含义:一方面,教学主体对教学意义的理解,就是对自己的活动方式及其结果

---

① 联合国教科文组织国际教育发展委员会编著,华东师范大学比较教育研究所译:《学会生存》,上海译文出版社 1979 年版,第 214 页。
② 同上书,第 215 页。
③ 《马克思恩格斯选集》(第 1 卷),人民出版社 1972 年版,第 18 页。
④ 《马克思恩格斯全集》(第 42 卷),人民出版社 1979 年版,第 125 页。

或教学事象的理解与解释,并最终指向自我理解;另一方面,教学主体的自我理解,又不能简单采取"走捷径"的办法,绕过对教学事象的理解与解释这一中介直观人本身,而必须实现在教学事象的理解与解释之中。这两方面互为条件,互动互促,这是教学理解进入良性循环的基本机制。当然,二者的地位和作用并非完全一致。把教学事象作为一个对象来理解、解释,这是从整体上把握教学意义、完成"教学使命"的重要环节;而由理解、解释教学事象的意义进入到人的自我理解,这才体现出教学理解的真正意蕴和旨趣。"在教学范畴之外,或者说如果不局限于教学范畴的话,应该看到教与学都是具有相对意义的。教相对于学是教,相对于主体自身的经验积累、能力提高、品性增益等来说又是学;学相对于教来说是学,相对于自身的学习经验、学习能力、学习适应性等的提高来说又可视为教(自教)。在这个意义上,如果说,在教学范畴内,是教(或学)使学(或教)由潜在而转变为现实,教(或学)从学(或教)取得自身的现实规定性,并促成了教学的发生与存在;那么,当我们在教学范畴之外或一般学习范畴之内来分析时,则'教'与'学'双方不仅可通过对方而存在,而且能通过反身'教学'而自立,并实现更广泛意义上的教学以及自我学习、自我教学(教育)的过程。"①因此,就教学的本体价值而言,人的自我理解更具决定性。

(二) 从自我理解到自我超越

对意义的追求,归根结底源于人对自身的"有限性"、"未完成性"的超越欲求,对"总体性"、"完整性"的价值渴望。人的活动的超越性所展示的正是人的自由本质,它是意义世界能否生成及其人能否对其实现自为拥有的关键所在。"人以一种全面的方式,也就是说,作为一个完整的人,把自己的全面的本质据为己有。人同世界的任何一种关系——视觉、听觉、嗅觉、味觉、触觉、思维、直观、感情、愿望、活动、爱——总之,他

---

① 张广君:《教学存在的发生学考察:一个新的视角》,《教育研究》2002年第2期。关于这一结论,不少学者亦作过专门的讨论,参阅王策三著:《教学论稿》,人民教育出版社1985年版,第84—85页;胡德海:《论教育和自我教育》,《华东师范大学学报》(教育科学版)1998年第4期。

的个体的一切官能,正像那些在形式上直接作为社会的器官而存在的器官一样,是通过自己的对象性关系,亦即通过自己同对象的关系,而对对象的占有。"①人永远不会停留在一个水平上,他时刻处于自我超越之中。

教学理解作为教学实践活动的教化机制,即展现人的生命意义的可能性的机制。而人的生命意义的可能性,恰恰在于它的自由自觉的创造性和在历史过程中的开放性。这是以恰当的方式进行教学理解的一般条件。海德格尔以为,理解即揭示此在之"在"的意义,但此在之"在"的意义非现成物,而在于它"去在"。② 这就是说,人的规定性只能在活动中获得、显现;离开了活动,僭越了"去在",人什么也不是。这种"去在"从本质上讲即通过理解和解释,选择、筹划自己的本真存在,使生命的存在方式从非本真状态中收回来,超越现成的存在状态,进入本真存在状态。大卫·杰弗里·史密斯说:诠释学的"目的在于寻找自我。有意思的是,这寻找其实是失去自我——以更大的自由和尊严的名义放弃那珍贵的、'原教旨主义的'、逻各斯中心式的冲动。"③在马克思看来,"整个所谓世界历史不外是人通过人的劳动而诞生的过程"④。人是社会中的人,自我是通过与他者的关系而维持的,人的存在与超越是在一定的社会关系与实践活动中进行的。

在伽达默尔看来,理解总是以不同的方式理解,理解不只是一种复制的行为,而始终是一种创造性的行为。因此,理解即意味着"不同的理解",即意味着超越原有的视界,创造新的视界。人的自我理解内蕴着自我超越与自我创造。从方式上讲,自我超越是一种内在超越,它集中地表现为人对自我所蕴涵的内在尺度的自觉。⑤ 人在对象

---

① 马克思著:《1844年经济学—哲学手稿》,人民出版社1979年版,第79页。
② 海德格尔说:"可以在这个存在者身上清理出来的各种性质都不是'看上去'如此这般的现成存在者的现成'属性',而是对它说来总是去存在的种种可能方式,并且仅此而已。"参阅[德]海德格尔著,陈嘉映、王庆节译:《存在与时间》,生活·读书·新知三联书店1987年版,第52—53页。
③ [加]大卫·杰弗里·史密斯著,郭洋生译:《全球化与后现代教育学》,教育科学出版社2000年版,第130页。
④ 《马克思恩格斯全集》(第42卷),人民出版社1979年版,第131页。
⑤ 内在超越是一种在人的主观、意识、精神范围内实现的超越。参阅袁祖社:《意义世界的创生及其自为拥有——人的超越性与自由本质探究》,《陕西师范大学学报》(哲学社会科学版)2001年第1期。

化活动中,不断将自我从自在世界中提升出来,使之获得自为性,成为一种超越自在的价值存在。它表现为一种顽强的为我性和超越限制的特征。超越是为我,为我必须超越。萨特说:"自我是主动性和被动性的非理性的综合,是内在性和超越性的综合。""从本质上讲,'自我'是逃逸的。"① 在教学实践活动中,这种"逃逸"与超越体现的是人的理想性和摆脱束缚的自由性,即"生活在理想世界,也就是要把不可能的东西当作仿佛是可能的东西来对待"②。正是这种超越性为人提供了新的可能性,并设定了人的价值意向。

教育作为一种人之自我建构的实践活动,究其根本,是由于人"不是力求停留在某种已经变成的东西上,而是处在变易的绝对运动之中"③,是出于人永远不会满足于自己所已经拥有的任何规定,力求创造出自己的规定性。而且,"人不是在某一规定性上再生产自己,而是生产出他的全面性"④。为此,教育这种人的自我改造实践,所要改变的不仅仅是人的自然规定性,从更普遍的意义上说,它所扬弃的是人所已经拥有的任何规定性,其中包括社会与历史所赋予的规定性,教育就是要使人在已有规定性的基础上不断创造出自己新的规定性来。而且,"意义域的不断拓展,意味着人的生存空间的不断扩大,也意味着人对自己的不断超越。"⑤ 在教学过程中,教学理解即自我超越具有无限广阔的空间,有超越"对象"的"表象",超越"映象"的"想像",超越"形象"的"思想",超越"知识"的"智力",超越"逻辑"的"智慧",超越"现实"的"理想"……举不胜举。在这种超越之中,教师和学生追寻着意义,创造着价值,把持着自我,感受着幸福,他们在理解和超越中成长。"只有既有助于学生成长又有益于教师提高的教学,才是成功的和有效的教学。"⑥ 基于意义理解指向的"成长"与"提高",是教学实践活动的本

---

① [法]让·保尔·萨特著,杜小真译:《自我的超越性》,商务印书馆 2001 年版,分别见第 33 页、第 36 页。
② [德]恩斯特·卡西尔著,甘阳译:《人论》,上海译文出版社 1985 年版,第 77 页。
③ 《马克思恩格斯全集》第 46 卷,人民出版社 1979 年版,第 486 页。
④ 同上注。
⑤ 郑文先著:《社会理解论》,武汉大学出版社 1998 年版,第 147 页。
⑥ Wenham, M., *Education as Interaction*. Journal of Philosophy of Education. Vol. 25, No. 2, 1991, p. 237.

体功能,也是教学的人文情怀之体现。

(三) 教学的终极关怀:人的文化生成

在教学理解中,教学理解实质是自我理解,而自我理解即自我超越,自我超越即人的不断"出生"。"理解是生活发生意义的方式,理解同时作为人的历史存在方式。创造属于理解的权力,如同生命属于生活。"[1]人的创造性说明,人只要一息尚存,他就不会停止创造。而创造不仅创造人的"他在",而且也同时改变着人自身,创造过程即是人的自我生成过程。在此意义上,教学理解是"自成目的"的,人的生成即这一过程本身。当雅斯贝尔斯说"教育即生成"[2]时,就已经充分地表达了这一见解。在他看来,生成的静态形式即习惯,动态形式即超越;生成就是习惯的不断形成与不断更新,不具备生成性的习惯是没有生命力的,人在单纯的习惯中将丧失自身。[3]

因此,人是习惯的创造者,也是习惯的产物。习惯即一种文化。于是,雅斯贝尔斯的观点可以更明确地表述为:人是文化的创造者,也是文化的产物。正因为如此,文化与人的发展是始终紧密结合在一起的,二者是密不可分的连续体——人的创造性活动使文化日益丰富,日益丰富的文化又使人本身不断向"自由王国"迈进。[4]苏联学者维果茨基曾区分了人的两种发展状态:自然发展与文化发展。教学作为一种特殊的实践活动,是典型的主体际事物,因而也是典型的人为事物、文化事物,是通过作为人的创造物的文化的中介作用而加速人的生成和文化的再生的实践;既是人类自身的实践也是个体自身的实践,既是社会实践也是个人实践;是文化实践,是交往文化实践;是交往,是特殊的交往。[5]斯普朗格(Spranger, E.)认为,"教育是文化过程","教育即文化

---

[1] 殷鼎著:《理解的命运——解释学初论》,生活·读书·新知三联书店1988年版,第142页。
[2] [德]雅斯贝尔斯著,邹进译:《什么是教育》,生活·读书·新知三联书店1991年版,第14页。
[3] 同上书,第15页。
[4] 郑金洲著:《教育文化学》,人民教育出版社2000年版,第31页。
[5] 张广君著:《本体论视野中的教学与交往》,《教育研究》2000年第8期。

的别名"。文化包含团体精神(Gruppen Geist)、客观精神(Objektiver Geist)、规范精神(Normativer Geist)和人格精神(Personaler Geist)四个组成部分。个人是文化生命的一个关键,个人的主观精神是通过其创造活动发展和创造文化的。文化和个人的关系是一种"生动的循环",而教育即"以环绕个人周围的客观文化为材料,使个人心灵获得适当的陶冶",同时又能够"使已有的客观文化体系,由于个人的心灵的不断介入,得意更为生动的进展"。① 因此,教学实践活动是人类加速自身进化的独特方式,同时也是人类摸索出的维持人类的文化特征与水平,生成新的文化活体与动因的最佳方式。

在丹尼尔·贝尔看来,"就社会、团体和个人而言,文化是一种借助内聚力来维护本体身份(identity)的连续过程。这种内聚力的获得,则靠着前后如一的美学观念、有关自我的道德意识,以及人们在装饰家庭、打扮自己的客观过程中所展示的生活方式和与其观念相关的特殊趣味。文化因此而属于感知范畴,属于情感与德操的范畴,属于力图整理这些情感的智适的领域。"②换句话说,文化具有智识、情感和道德相统一的"整体"意味,人的文化生成实质上是人的整体生成。雅斯贝尔斯有一段话可以使我们更深刻地理解这一点,他说:"文化通过个人自己的存在而使个人进入对整体的认识。个人并非呆在一个特定的地方不动,相反,他走出这个地方而进入世界。所以,他的生活虽然被抛入狭隘的环境中,却仍然通过与所有人的生活发生联系而获得活力。一个人自身的现实与世界连成一体,他在何种程度上能够成为他自己,这与该世界的清晰与丰富成正比。"③在教学过程中,人通过理解而与世界发生着广泛的文化联系,他实际上处于文化的包围之中,走在"文化生成"的路上,与"所有人的生活发生联系而获得活力"。作为一种"主题化的理解",教学理解总是努力赋予世界更清晰、更丰富的文化内涵。在这里,我们总是希望达到这样一种境界:"文化以'植入'的形式影响着个

---

① 邹进著:《现代德国文化教育学》,山西教育出版社1992年版,第57页。
② [美]丹尼尔·贝尔著,赵一凡等译:《资本主义文化矛盾》,生活·读书·新知三联书店1989年版,第81—82页。
③ [德]卡尔·雅斯贝斯著,王德峰译:《时代的精神状况》,上海译文出版社1997年版,第94页。

体,个体以'沉浸'的形式接受着文化。"①

值得注意的是,教学理解过程中意识、语言的生成性只是人之生成的内容,意识、语言的生成并不具有绝对的独立性,也不是人生成的全部内容。人的生成首先是一个感性过程,是一个实实在在的生活过程,意识和语言的生成只能居于人的总体的、现实的生成过程中并作为其部分内容。② 这样,教学中基于理解的人之生成的出发点便不是纯偶然的,它也是必然的;生成过程并不是没有限制的,而是受着他物和他人的制约,受着过去、现在和未来的"全面制约",受着经济的、政治的和文化的各种因素的制约;生成的未来也就不是一个"空无"、"深渊",而是某种相对确定的东西,是受动与能动、继承与创造、确定性与非确定性的统一,是"流"与"变"的统一。正如萨特所说:"在'自我'制造新的状态时,每一个被制造的新状态都会染指'自我'并使之具有细微差别,从某种一样上讲,'自我'被这种行动迷惑而参与了行动。""每个新的状态都直接(或间接通过性质)与自我在其根源上相互结合。这种创造模式就是虚无中的创造。"③

---

① [美]罗伯特·凯根著,韦子木译:《发展的自我》,浙江教育出版社1999年版,"中文版译序"第5—6页。
② 后现代思想家普遍强调人的生成性,然而,他们或把人的生成只看作意识过程,如萨特等;或只讲语言的生成,生成变为以偶然性为起点的、没有历史和限制的、不留痕迹也失去任何指向的纯粹的"变",是语言意义的连续不断的产生和涂抹,如德里达等。马克思也主张人是生成的:他承认人之意识性、能动性和创造性,就必然承认人为生成过程。但与后现代哲学家所不同的是,马克思虽然不否认意识、语言的生成性,他也一再强调它们不是人之生成的全部内容,人的生成首先是一个感性过程。参阅李文阁著:《回归现实生活世界——哲学视野的根本置换》,中国社会科学出版社2002年版,第220页。
③ [法]让·保尔·萨特著,杜小真译:《自我的超越性》,商务印书馆2001年版,分别见第32、29页。

第六章
教学理解的内在结构

　　教学理解主体之为主体,教学理解客体之为客体,教学理解中介之为中介,并不取决于它们各自的自在特性或给定状态,而取决于它们与人的发展需要和由这一需要所展开的教学实践活动。教学理解作为对教学的释义活动,就是要从促进人的个性发展的需要出发,阐释教学实践活动对人的意义,实现人的自我理解和自我超越。因此,从根本上说,教学理解目标是与人的发展可能性相联系的。

教学理解有着自身的内在结构。对教学理解结构的分析,有助于阐明教学理解的性质、类型和演化。从实践诠释学角度考察教学理解的结构,教学理解同人的其他活动一样,包含活动的主体、对象、中介和目标诸方面。它们各有些什么样的特定内涵,在教学理解过程中如何组合起来,直接制约着教学理解能否进行以及如何进行的问题。当然,此处讨论教学理解的结构,并不是把教学理解作为某种既成的或实体性的对象物进行静态的描述和剖析,而是立足于教学主体的生命发展的根本需要和人的个性全面发展之理想状态,从以意义阐释与理解为指向的"理想的教学理解应是什么"出发,去探询教学实践活动中内蕴的教学理解结构的可能性。

一、教学理解的构成要素

　　任何理解活动的一般前提都包含着理解者、理解对象、理解中介、理解目标等要素。教学理解也不例外,它以教学理解主体、教学理解对象、教学理解中介和教学理解目标的存在为基本前提。这些要素有着自身独特的性质和功能,在教学理解中发挥着各自独特的作用。

　　首先,教学理解主体即教学主体[①]。教学理解就是教学主体对教学事象的理解与解释。那么,教学主体需要具备何种条件才能担当教学理解主体呢?我们认为,教学理解的主体性条件是:(1)教学理解主体必须同时是教学实践主体,是教学实践活动的参与者。教学理解主体决不可能置身教学实践活动之外,教学理解只能是对教学理解主体参与其中也把这种理解活动包孕于其中的教学实践活动的理解与释义。也就是说,教学理解主体实际上是对自身的活动进行理解与解释,并藉此获得自身的提升与发展。因此,教学理解主体只能是教学实践活动主体。(2)教学理解主体必须具备一

[①] 此处的"教学主体"是指在教学实践活动中确证了自己主体地位的人。关于"确证的教学主体观",可参阅熊川武著:《反思性教学》,华东师范大学出版社1999年版,第114页。

定的"前理解结构",即必须具备相应的前有、前见、前设。所谓前有,即理解者的文化背景、社会背景、传统观念、风俗习惯、精神状况等,这些内容构成了意义理解的最基本的基础和总框架。前见的功能是为理解者选择恰当的角度,进入特定的问题域。而前设是用一个观念来弄清楚问题,当前见把客体纳入某一观念域时,前设则运用某些原理、观念对之进行解释。前有、前见、前设构成了前理解结构的三个层面,决定了人对意义世界的理解指向以及深度。① 教学主体的"前理解结构"在他的现实活动和教学实践活动中形成、表现和发展,同时又为活动的进行做了必要的准备,成为教学实践活动的准备性条件或主体性条件。

其次,教学理解对象是包含各种表达式在内的教学实践活动。教学实践活动成为教学主体的理解对象,缘于教学实践活动的属人本质。马克思指出:"只有当对象对人来说成为人的对象或者说成为对象性的人的时候,人才不致在自己的对象里面丧失自身。"②教学实践活动如何成为属人的对象?马克思为我们揭开问题的谜底指明了路径:"对象如何对他说来成为他的对象,这取决于对象的性质以及与之相适应的本质力量的性质;因为正是这种关系的规定性形成一种特殊的、现实的肯定方式。"③根据这一思想,教学之成为属人对象,可以从教学自身、从把教学变为对象的人的本质力量以及二者的联系三个方面加以考察。从教学自身来看,教学实践活动是人的自觉意识和自主创造的过程,有着不同于自然过程的独特的目的性和属人性。在这个过程中,教学实践活动的客观性和规律性必须通过它的目的性和属人性才能得到解释。这一客观过程与教学主体的自觉意识和目的需要是内在联系的。从教学主体的角度看,他的"前理解结构"如何,决定了教学实践活动在何种程度上、以何种方式成为主体性活动的对象。马克思说:"我的对象只能是我的本质力量的确证,也就是说,它只能像我的本质力量作为一种主体能力自为地存在着那样对我存在,因为任何一个对象对我的意

---

① 周浩波著:《教育哲学》,人民教育出版社 2000 年版,第 140 页。
② 《马克思恩格斯全集》(第 42 卷),人民出版社 1979 年版,第 125 页。
③ 同上书,第 125 页。

义(它只是对那个与它相适应的感觉说来才有意义)都以我的感觉所及的程度为限。"①对教学理解而言,对象不是以其自在特性成为理解对象的,而是以同主体的"前理解结构"相适应的特征和方式成为对象的。这样,教学理解的对象也就具有了文化的内涵,是一种文化客体。也就是说,教学之成为属人的对象,就在于教学只不过是人的本质力量对象化的过程和产物,其中凝聚着人的本质力量。由此可见,作为教学主体的人与其作为教学客体的对象有着不可分割的联系:人在何种程度上成为教学主体,教学就在何种程度上成为客体;反之,教学在何种程度上成为客体,决定着人在何种程度上成为教学主体。这一关系可以称为"**教学主客体相关律**"或"**教学主体确证律**"。② 教学实践活动的主客体相关性得以确立的根源和基础在于人的自由自觉的本性需要。"只有当物按人的方式同人发生关系时,我才能在实践上按人的方式同物发生关系。"③而基于这一本性需要的"教学主客体相关律",实际上是通过现实的教学实践活动来确证的。由于教学的属人本质,因而它具有教学理解客体的资格;因为教学理解作为对教学的释义活动,必然要发掘出教学实践活动所内蕴的生命意义。

由于教学实践活动与教学理解的内在交织与相关,教学理解主体与客体互相涉及,决定着教学理解中介的特殊性。从内容上看,教学理解主体与客体互为中介。教学理解活动并不是教学理解主体主观意向的投射,也不是教学理解客体固定意义的发现过程,而是一个包含着自我理解的、开放性的"视野融合"过程。在这个过程中,客体意义的开放性借助主体的理解活动,主体的自我理解通过把自我置于已得到开放的客体的意义之中得以实现。因此,客体意义的实现以及主体自我理解的完成,实质上是

---

① 《马克思恩格斯全集》(第42卷),人民出版社1979年版,第126页。
② 有学者从另外一个角度表达了这一观点,他认为,任何现实的人,其主体性都是通过主体化过程形成和发展的,不经过特定的主体化过程,即使是教学中现实的人,也不能确证自己的主体地位。教学主体的确证包含两个方面:1. 从主体性覆盖面上看,如果能从认识、权力、伦理等方面确证主体地位,则是"完整主体",否则便是"形式主体";2. 从主体性的充分度看,从"充分确证"到"不能确证"之间,形成由完整主体到形式主体的连续体。确证是一个过程,已经确证的是"现实主体",正在确证中的是"待证主体",现实主体与待证主体是交替变化的。参阅熊川武著:《反思性教学》,华东师范大学出版社1999年版,第115页。
③ 《马克思恩格斯全集》(第42卷),人民出版社1979年版,第124页。

一个主客体互为中介的过程。从形式上看,教学理解活动的进行方式是一个符号化过程,语言符号是教学理解主客体相互作用实现意义联系的中介。利科尔认为,人的行为具有与"文本"相同的特征:(1)行为的固定化,即行为一旦做出,就脱离了特定的语境,"构成一个必须依据其内在联系作出解释的叙述典型"。(2)行为的自主性,即行为从行为主体那里分离出来并展示其后果。(3)行为的超越性,即行为的意义具有相对行为者意图的超越性。(4)行为意义的开放性,即"人的行为是开放的工作,是一种'悬而未决'的思想","一切有意义的事件和行为,都是对这种通过当前的实践而作的实际的解释开放的"。[1] 很显然,"如果教学是一个文本,那么它将是一种快速的、转瞬即逝的文本,它被一分钟又一分钟地连续创作着。"[2]以文本的理解与解释来说明教学理解,其意义在于:把教学实践活动或教学主体本质力量的对象化过程视为文本的创作过程,把教学理解视为读者阅读文本,通过读者阅读"作品"的过程,来解析教学理解活动。这样,语言符号就成为教学理解的中介,起着沟通教学理解主体与客体的作用。

最后,教学理解的目标也是教学理解的重要构成要素。教学理解主体之为主体,教学理解客体之为客体,教学理解中介之为中介,并不取决于它们各自的自在特性或给定状态,而取决于它们与人的发展需要和由这一需要所展开的教学实践活动。人的发展需要在意识中为人把握成为目的,具体化为活动目标。教学理解作为对教学的释义活动,就是要从促进人的个性发展的需要出发,阐释教学实践活动对人的意义,实现人的自我理解和自我超越。因此,从根本上说,教学理解目标是与人的发展可能性相联系的。这一目标对教学理解的其他要素的存在提供了必要的依据。教学理解如果缺少明确、合理的目标,教学理解便不能真正实现教学主体的自我理解与自我超越。这说明,教学理解目标是教学理解必不可少的构成要素。当然,教学理解目标的设定,并不仅仅取决于主体、客体或中介的任何一方,它是在人与环境的互动中产生、协调的结果。它内蕴着人在教学实践中对生命意义的领悟。

---

[1] [法]利科尔著,陶远华等译:《解释学与人文科学》,河北人民出版社1987年版,第212页。
[2] McDonald, J., *Teaching: Making of an uncertain craft*. New York: Teachers College Press, 1992, p. 17.

二、教学理解要素的构成方式

教学理解主体、客体、中介和目标等要素如何组合起来,形成一定的结构,取决于人们如何看待理解和理解方式。

在实证主义者看来,理解过程类似于自然科学的说明过程,他们把说明视为理解。这样,教学理解各要素的组合方式与认识论中认知系统各要素的组合方式相同。这样,教学理解模式就是把教学理解目标确立为对教学理解客体终极意义的发现,教学理解过程实际上是教学理解主体把个别可体验到的教学事象通过因果说明归入一个普遍的类,例如,通过对知识的把握来确立这些知识的普遍价值的过程。教学理解客体在这个过程中,只是一种被动因素,教学理解中介则只是主体通达客体的手段,并不体现为客体客观的存在关系。整个的教学理解过程体现为主体向客体趋同、接近的过程,客体的现成特性和自在规律成为教学理解的阈限。在这里,教学主体的生命发展的相关性被遗忘了,教学理解活动的历史性被抛弃了,理解由此被曲解为非人的、非历史的活动。凯洛夫的教学模式就是这种模式的典型代表。

心理主义者认为,理解过程是不同于说明的心理体验过程,理解即心理体验。依此,教学理解各要素的组合方式与情感体验和移情的心理学模式类似。这样,教学理解模式就是把理解目标确立为对凝聚在客体之中的精神因素的发现与恢复,教学理解过程实际上是教学理解主体对行为主体意图的精神体验、移情复原过程,理解客体只是行为者个性心理特征的标志、符号或象征物。应该说,心理学模式触及了教学理解的某些独特之处:教学理解对象的人为特性,决定了意义阐释必须发掘教学事象与人的内在关联。按照这种教学理解模式,教学理解活动是一种主观体验活动,教学理解的客观性被否弃了,这是教学理解之理论与实践所不允许的。罗杰斯的非指导性教学模式①以及狄尔泰的文化教育学②教学模式就是心理主义模式的典型代表。

上述两种教学理解模式在历史上都曾有过重大影响,至今仍方兴未艾。不难发现,除了上述缺点之外,二者的共同缺陷就在于:忽略了教学理解同教学实践活动的内在关联。或从客观主义的角度,孤立地看事物间的因果联系,从而陷入绝对主义,或从人的主观动机出发,说明教学行为及其结果,从而陷入相对主义。

当代哲学诠释学把理解视为人的生命存在的基本方式,把文本的范围扩大到整个人的活动领域,超越了认识论模式和心理学模式,具有一定的合理性。我们可以称之为语言学模式。哲学诠释学把理解目标规定为对人的生命意义的寻绎,要求通过理解来揭示人的生存的可能性。在它看来,理解活动本来就是人的一种生命活动,人的生命活动内蕴着理解与解释。在此意义上,教学理解活动不是对被理解对象固定意义的发现,而是去实现人的自我理解和自我超越。这样,教学理解活动就不是教学主体的主观意向的投射,而是把教学主体的主观意向置于客体已得到开放的意义之中,进而实现"文本"视界与"读者"视界的"融合"。很明显,在哲学诠释学视域中的教学理解既非主体向客体趋同的纯客观过程,亦非客体向主体趋同的纯主观过程,而是一个主客体相互作用的辩证过程。"我是通过与客观世界以及他人之间互惠式关系而获得人性的。我的身份并不是先于那些关系而存在的某种固定的东西,而正是通过那些关系而找到的。"③因此,在这种教学理解模式中,教学理解主体与客体互为规定而存在,相互作用而发展,理解过程和意义不断保持着开放性,它不会停留于某一时刻与某一水平。"我的语言不仅包含了我的生活的开放性,而且还以一种深刻而微妙的方式包含着它的一份期待——期待我在新的疏忽现实面前作出自我更新。"④

哲学诠释学对于说明教学理解的构成方式是颇有启发意义的,在某些方面它与马

---

① [美]B. 乔伊斯、M. 威尔等著,荆建华等译:《教学模式》,中国轻工业出版社 2002 年版,第 347—364 页。
② 邹进著:《现代德国文化教育学》,山西教育出版社 1992 年版,第 29—40 页。
③ [加]大卫·杰弗里·史密斯著,郭洋生译:《全球化与后现代教育学》,教育科学出版社 2000 年版,第 228 页。
④ 同上书,第 119 页。

克思的实践诠释学有相近之处。但它主要还是从个体精神生命的意义上进行阐释的，未能从实践的高度看待人的生命活动的实质。因此，它对教学理解的说明，还未达到应有的高度。在马克思看来，只有从人的感性活动、从实践出发，才能揭示人的生命活动的可能性，促进人的自我理解与自我超越，实现人的个性全面发展。

第七章
教学理解的主要类型

"人可能是什么",从根本上说,不仅仅是一个知识论或价值论问题,而主要是一个在实践中、在"事情"中得以展开,在实践过程中、在行动中加以阐释的问题。通过知识取向的教学理解所获得的"人已是什么",必须以实践取向的教学理解所内蕴的"人应是什么"为前提。教学理解所内蕴的"人应是什么"又必须与"人已是什么"相结合,否则"人应是什么"就会成为无根的浮泛之论。在"人可能是什么"的提问中,既涵盖了人超越自身的期盼与价值追求,又把这种期盼和价值追求置于人所能容许的可能空间之中。

研究教学理解,必然要考察教学理解的类型。以教学理解的构成要素作为分类标准,教学理解可以有多种类型。如以教学理解主体为参照系,教学理解可分为个体的教学理解和群体的教学理解;以教学理解对象为参照系,教学理解可分为横向结构性的教学理解和纵向时间性的教学理解;以教学理解中介为参照系,教学理解可分为概念性的教学理解、语言性的教学理解和实践性的教学理解;以教学理解目标为参照系,根据哈贝马斯"认识与兴趣"之观点,教学理解可以分为三大类型:知识取向的教学理解(侧重知识性拥有)、实践取向的教学理解(侧重价值的把握与创造)和解放取向的教学理解(侧重于实现、发展人的自由)。

本书将从教学理解的意义阐释维度出发,揭示教学理解通过对教学意义的阐释,走向人的自我理解和自我超越的可能途径。基此,我们着重讨论以教学理解目标为基本参照系的三种教学理解类型,即知识取向的教学理解、实践取向的教学理解和解放取向的教学理解。

一、知识取向的教学理解

知识取向的教学理解,是以知识为理解对象的认知活动,它以对象性思维方式为其主要特征,借助认知活动的工具、手段和方法,实现教学的知识目标。那么,知识是什么?知识从表现形态来看,是一种符号性的体系结构;从起源来看,是人类长期探索世界与自我而积累起来的经验的逻辑性表达;从本质上看,按波普尔的说法,是人类自我构造出来的却又独立于人类主体与自然客体的"世界",是人类对世界理解的对象化、形式化的意义凝固。它蕴含着人类对世界进行理解的方式、路径与结果。在教育史上,赫尔巴特(Herbart, J. F.)认为,应根据儿童多方面的兴趣来决定教学内容,并且,重要的不是个别的知识,而是知识的整体。在赫尔巴特看来,旧的观念一经组织成心灵的一部分,便会对新观念的接受产生制约作用,新旧观念融合,才能使新旧观念类化。因此,教材的排列和教学的程序,必须极其重视这种新旧观念类化的原则。在赫尔巴特看来,教学理解只是如何使新教材与学生的旧经验的融合,以形成新的统觉团;教学理解过程应该按照学习的步骤来决定。斯宾塞(Spencer, H.)是实证论者。他认为对世界的看法应以确定的、实证的知识和事实为根据。教育中最首要的问题是"什么知识最有价值"的问题,而确定知识的价值尺度则是"完满地生活"。

毫无疑问,在一定意义上,知识取向的教学理解有其合理性的一面:第一,从教学内容的角度看,教材中有大量的事实性或现成性的知识,这是教学理解不可忽视的方面。第二,从教学实践的角度看,教学理解之所以倾向于知识,就在于教学理解欲通过知识意义的阐释,促进人的自我理解与自我超越,并由此开启出有助于人性丰富和自由解放的可能性;离开知识这一中介,教学理解将成为无源之水、不落实处的虚妄之谈。人们总是指责"教学认识论"过多地重视知识的学习,而忽略其他。在这里,我们必须区别知识的理解与知识的学习之不同。知识的学习是通过一系列的认知操作方法,如分析、归类、记忆等把知识"内化",使之进入个体知识结构,以便随时灵活地运用。知识的学习强调知识的客观性和确定性,而知识的理解是从整体上把握知识,领会知识,它是对知识意义的建构。在这里,知识通过理解进入个体的整体经验之中。当个体运用"知识"解决某个问题时,他其实是在运用自己的经验,而且这种运用不仅仅通过某项特定的知识,而是运用他所有的经验,他的经验整体地投入于问题情境之中。因此,知识只有进入到个人的整体经验中,成为个人经验的一部分时,知识才能真正成为"个人知识",而这只有通过理解才能实现,当知识不能与个人的经验有机融合在一起,知识便不是真正的个人知识,这种知识虽然有可能被占有,但不能活用。知识只有进入个人的经验成为经验的一部分时,知识才是"活"知识,是"生活的知识",即"生活的智慧"。[①]

杜威观察到这样一种现象:"在学校里,学生往往过分被人看作求取知识的理论的旁观者,他们通过直接的智慧力量占有知识。学生一词,几乎是指直接吸收知识而不从事获得有效经验的人。"在杜威看来,"经验本来就是一种主动而被动的事情;它本来

[①] 金生鈜著:《理解与教育——走向哲学解释学的教育哲学导论》,教育科学出版社1997年版,第160页。

就不是认识的事情。""在主动的方面,经验就是尝试——这个意义,用实验这个术语来表达就清楚了。在被动的方面,经验就是承受结果。我们对事物有所作为,然后它回过来对我们有所影响,这就是一种特殊的结合。经验的这两个方面的联结,可以测定经验的效果和价值。单纯活动,并不构成经验。这样的活动只是分散的、有离心作用的、消耗性的活动。作为尝试的经验包含变化,但是,除非变化是有意识地和变化所产生的一系列结果联系起来,否则它不过是无意义的转变。当一个活动继续深入到承受结果,当行动所造成的变化回过来反映在我们自身所发生的变化中时,这样的变动就具有意义,我们就学到了一点东西。"所以,"估量一个经验的价值的标准在于能否认识经验所引起的种种关系或连续性。当经验已经是积累性的经验,或者有点价值、有点意义时,只是在这个程度上,经验才含有认识的作用。"①

知识与教学是两个具有天然联系的逻辑概念。如何通过掌握知识最大限度地发展学生的智能,长期以来一直被视为教学论的经典问题。在笔者看来,"教学认识论"的根本问题在于它鼓励了受教育者的依附性,默认了教育者解释活动的复制和再现向度,从而使教学活动更倾向于建立在知识论哲学的基础上,把教学活动视为可以定量定型的模式化的活动,而不是一种人生化、生活化的艺术。如罗素(Russell, B.)所说的那样:"至于怎样培养思想与精神方面内部的生长,几乎什么都没有做;事实上,受教育最多的人,他们的思想和精神生活变为萎缩是极常见的事情,他们缺乏冲动,只拥有一定量的机械式的才能来代替生动的思想。"②知识学习的单一性、封闭性和确定性,排斥了受教育者的体验空间。这种人将知识视为已完成之物,在他们的身上,教条主义倾向通常表现得相当明显。殊不知,仅就知识的解释而言,教学理解就可以有内在解释和外在解释、独断型解释和探究型解释。③ 知识并不是单一、封闭、确定的体系。在教学过程中,向知识的性质"发问"是必要的:(1)知识仅仅是一种得到证据支持的可靠信念吗?(2)知识必定是具有绝对确定性的必然真理吗?(3)知识是纯社会性、纯公

---

① [美]杜威著,王承绪译:《民主主义与教育》,人民教育出版社 1990 年版,第 148—149 页。
② [英]伯特兰·罗素著,张师竹译:《社会改造原理》,上海人民出版社 2001 年版,第 96 页。
③ 胡潇:《教学解释方式的认识论思考》,《教育研究》2002 年第 11 期。

共性的认识产品吗?① 明确了这些问题,我们才能更自觉地在知识的理解上持更加开放的观点、更加明智的态度。

而且,教学理解中的知识取向还有一个立场问题,即工具论立场与本体论立场。不论是"形式教育",还是"实质教育",都存在一定的偏颇:"形式教育论"的偏颇之处,就在于否定知识的"实质"而只取其"形式";而"实质教育论"的偏颇之处,就在于否定知识的"形式"而只取其"实质"。② 以上两种观点从立场上看,都属于"工具论"教育哲学观,把"教育"理解为社会借此可以保存、延续、进步,个体借此得以获得某种素质而在未来过上"幸福""完满"的生活的工具。③ 这似乎是十分自然且理所当然的事。但是,知识的增长并不一定导致生活的完满与幸福,恰恰相反。

> 在文明人那里,随着知识的不断增长和积累,一切都颠倒过来了。认识、知识成了第一性的东西,欲求和意志则成了人的仆从。仿佛人一诞生下来他的全部生命就是认识世界,对他来说从来就没有一个生存问题……他们受的教育越多,他们的思想就越包裹在一层坚实的知识硬壳之中……现代文明人对知识的崇拜更为严重,只有当他们的生存被撕开一个裂口,即面临巨大灾难时,他们的目光才会重新回到生存问题上来。④

雅斯贝尔斯说:"教育是人的灵魂的教育,而非理智知识和认识的堆集。通过教育使具有天资的人,自己选择决定成为什么样的人以及自己把握安身立命之根。谁要是把自己单纯地局限于学习和认知上,即便他的学习能力非常强,那他的灵魂也是匮乏而不健全的。如果人要想从感性生活转入精神生活,那他就必须学习和获知,但就爱

---

① 夏正江:《论知识的性质与教学》,《华东师范大学学报》(教育科学版)2000年第2期,第1—18页。
② 瞿葆奎、施良方:《"形式教育"论与"实质教育"论》,载瞿葆奎主编:《教育学文集·智育》,人民教育出版社1993年版,第419—481页。
③ 周浩波著:《教育哲学》,人民教育出版社2000年版,第35页。
④ 俞吾金著:《问题域外的问题——现代西方哲学方法论探要》,上海人民出版社1988年版,第14—16页。

智慧和寻找精神之根而言,所有的学习和知识对他来说却是次要的。"①知识取向的教学理解在工具意义上有限制和不完备性。这种限制和不完备性表现为,它必须以知识意义的揭示及在主体间的沟通为前提。质言之,知识取向的教学理解遵循的是"目的论范型"—"认识论范型"②与准则,这种范型只注重达到目的的手段是否有效,而行动目的本身是否合理,却不在其视野之内。目的是给定的,不是反思的。这就潜隐着一个危险:追求知识的占有和技术的控制,忘却人的存在和生命的意义。

作为一个人,他的生存一方面依赖于他的谋生技能,更重要的却是如何去理解世界,获得世界的意义,最终在这种意义中安身立命。因此,将知识看成是获取某种结果的工具是片面的,知识并不仅是人赖以谋生的工具,它本身就是人自身的存在方式,正是通过各种"知识的形式"这些意义视界,我们才理解了这个世界,理解了自身。"如果教育旨在培养学生的理解力,它就一定是通过'认知方式汇合'、'视野融合'等方式而进行的教育。当教师和学生的理解有差异时,这种差异会直接影响他们的言语所指的意义。因此,对教师来说,仅仅告诉学生一些东西是不够的,即使这些东西是经过精心准备的、定在认为合适的水平上的;对学生来说,把这些东西重复给教师更是不够的。如果我们要确保所期望的学习已经发生,如果目的是使学生能真正地理解所学内容,那就没有其他方法可以取代这种被拓展的交谈。在这种交谈中,如伽达默尔所说:'每个人都对另一个人开放自我,真正把他人的观点作为值得考虑的东西来接受,他能如此深入地进入另一个人的世界以至于他理解的不是一个特别的个体,而是个体所说的内容'。"③知识只有为他所理解,成为他自己的,他通过知识理解了自己,超越了自己,这才是知识教学的本体论立场。

---

① [德]雅斯贝尔斯著,邹进译:《什么是教育》,生活·读书·新知三联书店1991年版,第4页。
② 周浩波、迟艳杰著:《教学哲学》,辽宁教育出版社1993年版,第66—67页。
③ Sainsbury, M., *Meaning, Communication and Understanding in the Classroom*, Printed and Bound in Great Britain by Athenaeum Press Ltd., 1992, p. 114.

二、实践取向的教学理解

彼得斯（Peters，R. S.）在《伦理学与教育》一书中指出："暗含在'教育'核心中的准则是：1.'教育'暗含把有价值的东西传递给那些将受这些价值所约束的人；2.'教育'必须包括实证的知识、理解以及某种认知角度；3.'教育'至少要排除某些传递的程序步骤，其依据是这些步骤不能激起学习者的意愿和主动性。"①教学实践活动作为一种有计划的教育，是由教师使用教科书之类的教材展开的。但我们不能忽略的一点是，"借助这种教育所传授的，不仅是清清楚楚的体系化了的知识与技术本身。学校和教室这个场所自身，是不太为人注意的固有的'范型'和'价值'所支配的。更具体地说，教师在教学过程中的教态和提问，教师对儿童的反映所作出的表情和发言，或者教师对于儿童的服饰和遣词之类的生活态度的注意等等，所有这一切，都对儿童的人格的形成，具有重大影响。"②因此，价值渗透是教学理解不可或缺的维度，是教学的内涵之一。正如大卫·杰弗里·史密斯所说："所谓教学，我认为乃指一种关怀，对一个民族或隐含或明确的价值观是怎样通过与其青年之间的关系得以调和的关怀。"③这就是说，教学潜隐着价值关切或人文关怀，价值关切或人文关怀是教学的意义之一，教学是价值观的"调和剂"。

实践取向的教学理解目的在于维护人际间的相互理解以及确保人的共同性，它更注重目的本身的合理性，突出的是教学理解的价值蕴涵，即通过教学理解，阐释出教学实践活动内蕴的价值效应。教学过程中，知识、语言、行为等固然重要，但"社会成员需要学习的，不仅是单纯的行为样式，还应当学习蕴藏在其背后的某种善恶标准；建立在

---

① ［美］麦克莱伦著，宋少云等译：《教育哲学》，生活·读书·新知三联书店1988年版，第39页。
② ［日］筑波大学教育学研究会编，钟启泉译：《现代教育学基础》，上海教育出版社1986年版，第97—98页。
③ ［加］大卫·杰弗里·史密斯著，郭洋生译：《全球化与后现代教育学》，教育科学出版社2000年版，第259页。

此基础上的世界观；以及正确解释对于由此而产生的行为所具有的意义"①。克里夫·贝克(Beck, C.)说："价值植根于'人生幸福'或者说'美好生活'。如果我们认定某些行为和追求促进了人生的幸福，那么我们就说它们是正确的、好的、有价值的。""价值与完整人生之间的关系体现在互相支持上。拥有一个运行良好的价值系统能够使我们的生活更为完整；而在某些方面，人生的完整也是获得更有效价值的一个重要途径。""生活的意义感"是"一个完整的人"的"基础价值"之一，正是这些"基础价值"，"最终是它们使生活变得美好，值得一过。"②丹尼尔·贝尔(Bell, D.)也指出："生活方式通常由一套价值观为之辩护，由社会机构（教堂、学校、家庭等）予以控制，并在品格构造中体现出来。"③

由此不难发现，实践取向的教学理解比知识取向的教学理解更接近人的真实生活或存在真理，它直接挑明了教学实践活动中人的"在场"事实，肯定了教学与人的价值联系和意义蕴涵。舍此，教学理解就是不完备的，就会偏离生活的真实。实践取向的教学理解表明，教学理解固然有事实性或实然性方面，但更有价值性或应然性方面，而它的事实性或实然性只有通过价值性或应然性才能得以全面理解。漠视这种价值性，一味追求所谓的"价值中立"的认知理想，在实践中会导致"价值失落"或"意义危机"。

案例：有学识的无知

曾有一位纳粹集中营的幸存者，当上了美国一所中学的校长。每当一位新教师来到学校，他就交给那位老师一封信，信中这样说：

亲爱的老师，我是集中营的生还者。我亲眼看到人类所不应当见到的情景：毒气室由学有专长的工程师建造；儿童由学识渊博的医生毒死；幼儿被训练有素的护士杀

---

① [日]筑波大学教育学研究会编，钟启泉译：《现代教育学基础》，上海教育出版社1986年版，第87页。
② [加]克里夫·贝克著，詹万生等译：《学会过美好生活——人的价值世界》，中央编译出版社1997年版，分别见第3页、第151页、第6页。
③ [美]丹尼尔·贝尔著，赵一凡等译：《资本主义文化矛盾》，生活·读书·新知三联书店1989年版，第111页。

害;妇女和婴儿被受过高中或大学教育的人们枪杀。看到这一切,我怀疑:教育究竟是为了什么?我的请求是:请你帮助学生成为具有人性的人。你们的努力绝不应当被用于制造学识渊博的怪物、多才多艺的变态狂、受过高等教育的屠夫。只有在能使我们的孩子具有人性的情况下,读写算的能力才有其价值。"①

　　培养人的精神性存在,要求教育帮助人超越其生物性存在,形成内在的精神价值导向,明确人的生存与生活的意义所在,使人从现实的物质利益及功利主义价值观的束缚中解放出来,从工具化的存在状态中解放出来。杜威在《人的问题》一书中指出:"我们把对象决定为对象的时候,我们都联系到经验的变化,把经验当成是一种活动,而且当我们把这种关系从抽象转向应用的时候,我们就要联系到对变化的性质进行有意识的控制,因而我们把对象决定为对象的情况便具有了伦理学的意义。"②由此可见,作为工具的教学实践活动,它的合理性必须从科学规范的角度衡量;但另一方面,它的合理性又必须超越科学规范,从是否符合道德的意义上衡量。实践取向的教学理解内在了一种"伦理学范型"③与准则的可能性。这种准则,直接与人的价值规范相联系,它的目的并不在于提高工具效率,它只是用于判断这个工具是否符合道德,教学关系是否出现了"非人化"的倾向,并积极去防止这种倾向。

　　实践取向的教学理解并"不是由教师告诉学习者怎样生活",不是说服、规劝、奖惩,也不是强制和灌输。美国学者麦克莱伦(James E. Mcclellan)曾对"灌输"作了极为详尽、透彻的分析,他指出,灌输和迷惑、欺骗、"洗脑子"、吓唬人以及使学生在不经意中就轻易地相信某规范有着一些共同的特征:1. 从内容上看,对灌输的分析必须始于教义的概念,而所谓教义,按安东尼·福禄的说法,是"这样一种信念,若不是假的,至少也不知道它是真的";2. 从目的上看,灌输者的意图就是让他的学生对这样一个

---

① 王逢贤:《青少年价值教育及其在新世纪将面临的挑战》,转引自郝德永著:《课程与文化:一个后现代的检视》,教育科学出版社 2002 年版,第 320—321 页。注:该标题为笔者所加。
② [美]杜威著,傅统先、邱椿译:《人的问题》,上海人民出版社 1965 年版,第 204 页。
③ 周浩波、迟艳杰著:《教学哲学》,辽宁教育出版社 1993 年版,第 80—97 页。

世界有所准备,在其中他的信仰总是受到威胁,相反的信仰不是被看作扩大和丰富生活的可能的真理,而是被当作应去战胜的危险;3. 从方法上看,以控制作为主要的手段,"教就是在学习者的头脑中种植信仰"。①

灌输是对理解的压制,对价值的亵渎。从根本上说,价值理解也是一个自我超越、自我实现的过程。教学是实践价值理解的机会,本身应该是价值理解的保障条件。在这里,理解是一种教育价值,也是一种教育方式,一种排除了支配、依附、奴役和控制的教育方式。所以,价值理解倾向于自由的对话。自由意味着实现自由的能力。只有当一个人能够有效地控制自己的生活并积极、自主地塑造自己的生活时,他才是自由的;当一个人没有能力去实现自我,他就是不自由的。② 如果不承认每个人在教育中具有自我实现和发展的自由,我们就不可能学会运用自由,也就不知道我们的自由具有什么样的界限,同时也将不可能要求教育成为运用自由的必要的环境和条件。教育成为人们运用自由、学会自由的必要的条件的前提是我们每个人具有的自我发展的自由。"阐释性课堂的教学乃是对话,其间,教师有能力以学生感到受益匪浅的方式对文化和信息进行解释,就像一溪流水,既流过生活,又是生活的源泉。"③而对话,在克里夫·贝克看来,关键是:"(1)尊重彼此的观点;(2)尊重彼此的传统习俗或'经历';(3)言论、信仰和行动的自由;(4)共同决定对话的形式和内容;(5)关心具体的生活经验;(6)通过具体行动(实践)验证。"④离开这些条件,对话不可能实现,价值理解不可能朝着"成人"的目标迈进;相反,它很有可能是另一种形式的"灌输",同样具有一种"非人"的力量⑤。

---

① [美]麦克莱伦著,宋少云等译:《教育哲学》,生活·读书·新知三联书店1988年版,第284页。
② 查尔斯·泰勒著,达巍译:《消极自由有什么错?》,载达巍等编:《消极自由有什么错》,文化艺术出版社2001年版,第73页。
③ [加]大卫·杰弗里·史密斯著,郭洋生译:《全球化与后现代教育学》,教育科学出版社2000年版,第89页。
④ [加]克里夫·贝克著,詹万生等译:《学会过美好生活——人的价值世界》,中央编译出版社1997年版,第232页。
⑤ [法]利奥塔著,罗国祥译:《非人——时间漫谈》,商务印书馆2000年版,第5页。

案例：教室里所接受的

包利斯不会将 12/16 约分成最简单的形式,而仅仅得出了 6/8 的答案。教师平心静气地说:"不能再约分了吗? 再想想看。"其他的学生有的举手,有的挥臂,跃跃欲试,一心想纠正包利斯的错误……几分钟后,教师对其余学生说:"谁能帮助包利斯得出正确的答案?"许多双手举起来了。教师指名贝吉。贝吉轻松地得出了答案。

包利斯的失败为贝吉的成功提供了表现的机会,他的不幸成了贝吉欢乐的理由。这就是现代美国小学的标准状况。依印第安部族的肖尼人和霍皮人看来,贝吉的行动是令人难以置信的残酷的。因为,竞争,就是从他人的失败中夺取成功。这,对于不知此种竞争的文化来说,俨如不能容许的拷问。

在包利斯看来,在黑板跟前出现的这个噩梦,大概是这么一种沉重的教训——极力控制自己,即使遭到巨大的社会压力,也不能从教室里逃出去。由于这种经验,在我们的文化中培育起来的人,无一例外地想到的不是成功,而是一连串的失败。外部的噩梦,在学校里被内化了,并滞留于人的整个一生中。包利斯不只学了数学,也经历了名副其实的噩梦。我们为了在我们的文化中夺得成功,必须经历失败之梦。①

这个案例说明,价值涉入是教学理解中不可避免的,教学本身就是实践价值理解的机会。在教学过程中,尊重彼此的观点和传统习俗、言论与行动自由、共同决定对话的内容与形式,特别是关心具体的生活经验并通过行动验证是多么地重要。有些教学行为貌似符合"教学规律",也很有"人情味",但深层里,却有着另一种"意味"——"非人化"的一面。包利斯所经历的,大致就属于这么一种"意味"。看似"合情合理"的教学,却有那么多意想不到的结局,这不能不引起我们的警觉!

美国存在心理学家马斯洛认为:"人既是他正在是的那种人,同时又是他向往成为的那样的人。"②如果说知识取向的教学理解是通过知识的拥有来回答"人已是什么"

---

① [日]筑波大学教育学研究会编,钟启泉译:《现代教育学基础》,上海教育出版社 1986 年版,第 98 页。
② [美]A·H·马斯洛著,李文湉译:《存在心理学探索》,云南人民出版社 1987 年版,第 144 页。

的问题,那么,实践取向的教学理解则是通过价值叩问来回答"人应是什么"或"人应如何活着"的问题。显然,在人的自我理解层面上,后一种提问方式比前一种提问方式更贴近人之为人的独特生命过程。然而,恰恰是透过这种提问方式,我们可以看到实践取向的教学理解在理性上的不完备性和限制。"人应是什么"或"人应如何活着"这种规范性提问方式,潜存着外在目的论的危险。"对于一个目的论者来说,行为、人或性格特点的道德特质或价值,取决于它们所实现或试图实现之事物的非道德意义的相对价值,那就是循环的。因此,根据目的论,正当的、必须履行的和道德的善,取决于非道德的善即利益与好处,与此相对应,目的论者在某种意义上把他们的道德义务论和道德价值论奠基于非道德的价值理论之上。如要知道某一事物是否是正当的、应该做的或在道德上是善的,人们就必须首先知道什么是在非道德意义上善(或有利)的,以及该事物是否增进或倾向于增进在这种意义上的善的东西。"①按照弗兰克纳对目的论的理解,目的论不重视行为或规则本身的形式特征,更强调行为所实现的价值。这样,道德的事物取决于道德之外的事物。对"人应是什么"或"人应如何活着"的回答,也取决于外在于人的对象物,而不是从人本身,从生活本身做出回答。这就决定了外在目的论不能真正解决人的价值存在的可能条件问题,具有理性意义的不完备性和限制。当前,主体性教育从认识论框架中突破出来,使主体性含有一定的伦理意义,与当前尊重儿童的教育潮流相适应;另一方面,主体性赖以获得意义的认识论领域,限制了这种伦理意义的独立价值,它把伦理学从属于认识论,使得"尊重儿童"这个具有独立的伦理学价值的命题变成了牢固掌握知识的附属条件。我国教育哲学并未真正把儿童看成是伦理学意义上的"人",而这个观念不转变,儿童永远只是填塞知识的容器。②

---

① [美]威廉·K·弗兰克纳著,黄伟合、包连宗、马莉译:《善的求索——道德哲学导论》,辽宁人民出版社1987年版,第30页。
② 周浩波、迟艳杰著:《教学哲学》,辽宁教育出版社1993年版,第97页。

三、解放取向的教学理解

在教学理解中实现人的自我理解,以"人已是什么"和"人应是什么"为指向,都具有理性意义上的不完备和限制。"教学关系的性质,虽然能够通过伦理上的规范而使之获得人与人的互动性质,但这仍然不是人的本质在这种关系中的最高实现。因为,在一种道德规范的约束之中,人与人的活动表现出'应该'趋向,还没有达到真正自由的状态。而人的本质的最高实现,就是自由的实现,就是美的创造。正是由于教学关系是人与人的关系,因而这种关系的最完善的性质,就应该呈现出美学上的特征。"①从生活的角度来说,人的生活意味着一种可能生活而不是现成生活。② 笔者以为,只有以"人可能是什么"为指向的教学理解,才能真正超越这种不完备与限制,并把二者所蕴涵的合理因素批判性地吸纳于其中。解放取向的教学理解正是以"人可能是什么"为指向的,具有"美学范型"③之特征。

"人可能是什么",从根本上说,不仅仅是一个知识论或价值论问题,而主要是一个在实践中,在"事情"中得以展开,在实践过程中,在行动中加以阐释的问题。而"'事情'是个整体性的行动,以'事情'作为思想单位就不可能单独地去思考存在的价值或价值问题,在'事情'中,存在和价值的问题是同一问题而不是两个问题。仅仅去说'某物存在,它在(exists),它是(is),这有什么价值呢?仅仅去说'这是好的,那是好的,这就是我们要坚持的立场',这有什么意义呢?这些都不成问题——某物当然存在,我们当然有个什么立场或价值观,这些都不是要解决的事情。按照我们的价值去制造某种存在,把价值制造成真理,这才是问题,而这涉及整个'事情'"④。立足于人之实践基础上的、解放取向的教学理解,把"人已是什么"的知识性描述和"人应是什么"的价值

---

① 周浩波、迟艳杰著:《教学哲学》,辽宁教育出版社1993年版,第97—98页。
② 赵汀阳著:《论可能生活》,生活·读书·新知三联书店1994年版,第21页。
③ 周浩波、迟艳杰著:《教学哲学》,辽宁教育出版社1993年版,第97—101页。
④ 赵汀阳著:《一个或所有问题》,江西教育出版社1998年版,第53—54页。

性规范,通过人对自己的活动过程与结果的理解,融汇统一在一起,开启了人超越自身的可能性。一方面,通过知识取向的教学理解所获得的"人已是什么",必须以实践取向的教学理解所内蕴的"人应是什么"为前提,否则"人已是什么"就会转变为"人只能是什么"的封闭结论,与人的自由追求或本真存在方式背道而驰;另一方面,教学理解所内蕴的"人应是什么"又必须与"人已是什么"相结合,否则"人应是什么"就会成为无根的泛泛之论。在"人可能是什么"的提问中,既涵涉了人超越自身的期盼与价值追求,又把这种期盼和价值追求置于人所能容许的可能空间之中。

解放取向的教学理解得以可能的条件是:

1. 以意义阐释和沟通为根本指向,开启、敞现人的生命意义。从教学实践活动整体看,尽管教学过程包含知识的把握和价值关系的评价,但人的生命意义不能简单归结为二者,它所揭示的只是人自身的可能性。这种可能性与人的本真存在方式或自由追求内在地结合为一体,才能成为完整的人的意义指向。

2. 自由意识与批判精神。自由是什么?萨特有一句话极富深意:"自由是一个微小的运动,它把一个完全受到社会制约的社会人变成另一个人——这个人并不把他接受的制约全部都体现在自己身上。"[①]怎样才能"不把他接受的制约都体现在自己身上"?这就需要解构、需要批判。离开了解构与批判,所有的人都只能有一种意见,每一个人的思想都被塑造得适意、自然和微妙,他的脑子"甚至意识不到自身被奴役"[②]——这种人要得到全面而充分的发展,几乎是不可能的。相反,这种人只可能是"单向度的人",即马尔库塞所谓的取消了否定性、批判性和超越性向度的人,这样的人不仅不再有能力去追求、甚至也不再有能力去想象与现实生活不同的另一种生活。罗素指出:"把教育当作一种锻炼的方式,当作一种通过奴化来达到一致的手段,这种教育概念是很普遍的,而为它辩护的主要理由是它能引导到胜利。"[③]格尔哈德·恩格尔

---

① 何怀宏著:《生命与自由——法国存在哲学研究》,湖北教育出版社 2001 年版,第 227 页。
② [美]艾萨克·康德尔著,王承绪等译:《教育的新时代——比较研究》,人民教育出版社 2001 年版,第 27 页。
③ [英]伯特兰·罗素著,张师竹译:《社会改造原理》,上海人民出版社 2001 年版,第 99 页。

(Engel，G.)也曾告诫人们："应对他人的知识声明持一种批判性的态度——尤其是，如果这些知识声明与他们保证其所计划的行动措施将服务于'公共利益'的做法相联系。恰恰在这一场合，我们才检查，我们是与知识的狂妄还是适宜的知识打交道。"①当今社会，"为了能够领会世界上各种现象的日益复杂性，并战胜它所引起的失落感，每个人均应首先获得一整套的知识，然后学会正确地观察和分析各种事物，以批判精神来对待大量流通的信息。在此方面，教育比以往任何时候都更为明确地显示出它在培养判断力上的不可取代的作用。它有助于超越传媒有时提供的简化的或歪曲的看法，真正地了解所发生的各种事件，并能十分有益地帮助每个人成为我们眼前正出现的这个动荡不定的世界的一个公民。"②

3. 投身实践与采取行动。解放是一种实践，是人类为了改造世界而对世界采取的行动和反思。罗素指出："使人轻信的教育，经过一个时期，很快就会引导到腐朽；使人自由发问的精神活着，是达到进步所不可缺少的最低限度的要求。"③真正投身于解放事业的人既不会接受机械的意识观念作为待填装的容器，也不会接受以解放的名义利用灌输统治的方法。"灌输式教育麻痹、抑制创造力，而提问式教育却不断地揭示现实。前者试图维持意识的淹没状态；后者则尽力让意识脱颖而出，并对现实进行批判性的干预。"④所以，"提问"即解构，即批判，或者说批判性地提问。不过，提问不仅仅是语言的，而且是实践的，它是一种行动——改造性的、反思性的行动。解放取向的教学理解应该把"提问"贯穿于整个教学理解之中。在这方面，"批判课程论"的观点是很有见地的。他们认为，课程与教学的立足点在于学生的社会文化批判意识的启迪，并在此基础上改造、重建社会文化，实现社会文化的平等、民主与公正。在他们看来，传统课程与教学观或者没有认识到课程与教学的政治属性，或者有意掩盖课程与教学的

---

① [德]格尔哈德·帕普克主编，黄冰源等译：《知识、自由与秩序》，中国社会科学出版社2001年版，第105页。
② 国际21世纪教育委员会提交的报告，联合国教科文组织总部中文科译：《教育——财富蕴藏其中》，教育科学出版社1996年版，第35页。
③ [英]伯特兰·罗素著，张师竹译：《社会改造原理》，上海人民出版社2001年版，第100页。
④ [巴西]保罗·弗莱雷著，顾建新等译：《被压迫者教育学》，华东师范大学出版社2001年版，第32页。

意识形态功能。为了澄清课程与教学所传承的意识形态属性,阐明谁是被压迫者、谁处于统治地位等,舒伯特(Schubert,W. H.)认为应该就课程与教学"提问":

(1) 知识是怎样通过学校再生产的?

(2) 学生在学校中所接受的知识源于何处?

(3) 学生和教师是怎样抵制和质疑通过学校实践经验所传播的东西的?

(4) 教师和学生从他们的学校经验中认识到些什么?换句话说,学校对他们的看法、观点有什么影响?

(5) 通过学校教育所培养的观念和技能是为谁的利益服务的?

(6) 这些利益是更趋向于解放、平等和社会公正的方向,还是走向相反的方向?

(7) 怎样才能通过学校教育使学生能够获得更多的自由、平等和社会公正?①

通过上述"提问",认识课程与教学所传递的意识形态,形成批判意识,进而获得自由与解放。"教育应该培养追求真理的愿望,而不是相信某种特殊的信条就是真理。"②从课程论的角度说,当斯宾塞提出"什么知识最有价值"时,他并没有错。问题是,这是一个极具迷惑性的"试图维持意识的淹没状态"的问题,因为"什么知识最有价值"本质上也是一个意识形态和政治问题,"我们不能从课程论述中清除个人、伦理和政治因素"③。阿普尔(Michael W. Apple)敏锐地注意到了这一点,他提出的问题是:"谁的知识最有价值?"这是一个更具颠覆性、更具时代感的,同时也是更危险的问题,但通过理解获得解放总是一种颠覆的、时代的和危险的行动,这不仅仅是一个"认识你

---

① Schubert, W. H., *Curriculum: Perspective, Paradigm, and Possibility*, Macmillan Publishing Company, 1994, p. 315.
② [英]伯特兰·罗素著,张师竹译:《社会改造原理》,上海人民出版社2001年版,第99页。
③ [美]迈克尔·W·阿普尔著,黄忠敬译:《意识形态与课程》,华东师范大学出版社2001年版,"第2版序言"第2页。

自己"的接纳性过程,更是一个"改变你自己"的批判性实践。

派纳指出:"具有教育经验的学生假设在任一给定时刻他或她处于'传记情境'(biographic situation),其中的意义结构源自过去的情境,但同时包括过去与现在的或许尚未清晰表达的矛盾,以及可能的未来的形象。"①这就是说,"过去"、"现在"与"未来"是意义结构的连接点。在教学实践活动中,人通过教学理解而实现的自我理解和自我超越,不仅仅是对"人已是什么"的静态描摹和对"人应是什么"的主体性诉求,更是对"人可能是什么"的意义把握。后者构成前二者的基础和可能前提,并将它们涵涉其中。在对"人可能是什么"的揭示中,既包含了对"人已是什么"的知识拥有,又包含着对"人应是什么"的价值期盼,是二者的有机统一。"'意义'、'选择'和'理智自由'相互联结在一起,而且它们都内含了某种与事实的关涉。"②在这个意义上,解放取向的教学理解是真正揭示出人的本真生存方式的理解,是实现人的存在真理即实现人的自由自觉的生活的可能途径。知识取向的教学理解和实践取向的教学理解只有以此为前提、为归宿,才能获得自身的合理性与存在价值。假若与此相背离,则无论它们自身多么严密,多么完备,在现实中多么有效,仍缺乏一种对人的终极关怀的理性意义,从而丧失了自身存在的合法性。当它们运用到教学实践中时,它们越严密、越完备、越有效,就越容易组合为一种控制体系,进而沦落为一种贬低人的价值、压制人的自由的控制技术。一位学者说:"知识和意识形态(政治的、伦理的、宗教的等等)的知识社会学关系至少意味着两个基本哲学结论:知识和价值终究是不可分的;知识和行动也是不可分的。"③这意味着,知识、价值与行动密不可分。在教学过程中,知识取向的、实践取向的和解放取向的教学理解并不是孤立的,它们可以在实践中经由实践获得统一,就像知识、价值和行动可以获得统一一样。

根据哈贝马斯关于"认识与兴趣"的观点,结合本文的相关论述,我们可以把教学

---

① [美]威廉·F·派纳、威廉·M·雷诺兹等著,张华等译:《理解课程——历史与当代课程话语研究导论》,教育科学出版社2003年版,第542页。
② [美]阿尔弗莱德·怀特海著,韩东晖、李红译:《思想方式》,华夏出版社1999年版,第10页。
③ 赵汀阳著:《知识,命运与幸福》,《哲学研究》2001年第8期,第36—41页。

理解的三种类型及其相关问题大致概括为下表:①

表　教学理解的三种类型

理解取向	知识—技术	价值—实践	解放—自由
关注点	技术性的控制	主体间的理解	解放、自主、责任
人类旨趣	劳动	语言/互动/沟通	权力/支配
理解对象	以学科、学科内容为表征的学习经验	教学中实际发生的一切，包括师生互动、教学环境等	基于解放的有意义的学习经验
方法论架构	因果性假设的检验	文本的理解与解释	解构、批判、反思
教学作为	产物	实践	批判性实践
作用	解释与预测自然世界的知识	确保人际间相互理解、共同参与社会生活	唤醒自由、解放意识
人的问题	人已是什么	人应是什么	人可能是什么

---

① 此表与本部分的论述不尽相同，要结合全书的相关内容理解。

第八章
教学理解的过程

　　教学是一种活动性存在,不仅涉及外显的行为过程,而且涉及内隐的精神过程。从教学主体的前理解到对教学的理解与解释,从对教学的理解与解释回到教学主体的自我理解、自我超越,这两个环节构成了完整的教学理解"内循环过程",教学意义在这一循环过程中得以形成和开放。个体的教学理解与群体的教学理解之间的循环构成了教学理解的"外循环过程"。从个体的教学理解到群体的教学理解,是教学意义得以传输、交流和增生的过程,也是教学意义实现自身、具有社会性和客观性的标志。群体的教学理解仅仅是特定场域不同个体对教学事象的共识性理解与阐释,是"未决的",它必须返归个体,在个体的教学理解中实现、完善、超越自身。

作为一种人为的存在,教学不是既成的,而是生成的。① 业已生成的教学是如何存在的?一般的回答是:教学存在于活动之中。是的,教学是一种活动性存在,没有活动就不存在教学。但是,这样的回答还是过于简单化。事实上,作为一种活动性存在,教学本身的运动、发展涉及的不仅仅是如何开展的问题,也涉及在何种情况下高效,何种情况低效的问题②;不仅涉及外显的行为过程,而且涉及内隐的精神过程。换句话说,伴随着教学的生成,又发生了两类问题:教学的外在过程如何"运行"的问题以及教学的内在过程即教学理解如何"演化"的问题。这是同一活动存在的两个侧面,同一活动过程的两类问题。

对教学理解问题进行研究,不可避免地要涉及"教学理解究竟如何演化"这一重要问题。这个问题实际上是教学理解的过程与方法问题。教学理解的过程,是指教学理解实现的具体机制或具体过程,它包括教学理解的"内循环"过程与"外循环"过程。③ 教学理解的方法不是外在于教学理解活动的主观手段,而是内在于教学理解活动的"真理"。它既是教学主体把握理解对象、反观自身的手段,更是教学主体实现自身生命意义的过程本身。

一、教学理解的"内循环"过程

在探讨教学理解与教学实践活动的关系中,我们已经指出,二者存在着内在的循环关联,这种循环关联恰恰表明了教学主体的存在结构。在此种存在结构中,教学主体通过教学理解而自我理解与自我超越。因此,教学主体的自我理解和教学理解二者

---

① 张广君:《教学存在的发生学考察:一个新的视角》,《教育研究》2002年第2期。
② 本书中所谓的"高效"与"低效"是指能否很好地实现教学理解的功能,促进教学主体的自我理解与自我超越,在这点上和一般的认识有所区别。在笔者看来,教学的效果,应该从教学的本体功能,即培养人、发展人的角度来理解,而培养人、发展人最根本的一点应该体现在教学中实现人自身"心灵"的转变的方面。
③ 杨四耕:《教学理解的"循环"——一种新的教学过程观》,《教育发展研究》2006年第1B期。

之间的关系是教学理解与解释实现过程的基本环节。揭示教学主体的自我理解与教学理解相互关联和相互转化的辩证法,是阐明教学理解演化路径的重要方面。

(一) 从教学主体的自我理解到对教学的理解与解释

教学意义如何揭示,首先是由教学主体的存在方式先在地决定着的,教学主体的"前理解结构"规定了教学理解的基本前提,他不可能超越自己的存在条件进行教学理解与解释。伽达默尔认为,在理解中"我们从不空着手进入认识的境界,而总是携带着一大堆熟悉着的信仰和期望",诠释学的理解"既包含了我们突然遭遇的陌生的世界,又包含了我们所拥有的那个熟悉的世界"。[1] 教学主体的这种存在条件在教学理解中具有双重意味:一方面,它是教学主体的自我理解。这是因为,教学实践活动本身就是人的现实的自我确证和自我实现,是人对自己的理解的现实肯定方式之一。当教学主体从自己的存在条件出发进行教学理解与解释时,也就意味着从教学主体的自我理解走向对教学的理解与解释,即对自身对象化过程及对象性存在物的理解与解释。另一方面,它又是对教学事象的意义的先行领会与整体把握。教学主体的存在方式、存在条件规定着理解与解释的基本范围,教学意义只有在此范围内才能被揭示或显现,因而,被揭示、被阐释的教学事象已先在地被置入此意义域内,是能在这里得到理解与解释的。也就是说,它们的意义已先行被肯定在教学主体的"前理解结构"之中,是为教学主体所熟悉和肯认的东西。

教学事象的意义被先行肯定的过程在一定意义上说是一个"从猜测到证实"的过程。利科尔指出:"这种猜测和证实之间的辩证法构成我们的理解和解释的辩证法形态。"[2]这就意味着,从教学主体的自我理解到对教学的理解,第一个环节就是从理解到解释的转换,它是一个类似于自然科学研究中从猜测到证实的转换过程。美国认知

---

[1] [德]汉斯·罗伯特·耀斯著,顾建光、顾静宇等译:《审美经验与文学解释学》,上海译文出版社1997年版,第7页。
[2] [法]利科尔著,陶远华等译:《解释学与人文科学》,河北人民出版社1987年版,第220页。

心理学家弗兰克·史密斯(Smith, F.)的研究认为,学习者总是带着他们"头脑中关于世界的理论"(theory of the world in our heads)来思维,这一理论限制了他们对每个情形的理解。学习是新事物与"头脑中的理论"的联系。在这种情况下,儿童会产生一个也许能解释新事物的假设。接着,儿童会在其随后的经验中验证这一假设,并对受到的反馈做出评估,然后根据实际情况对认知结构做出相应的调整。① 弗兰克·史密斯非常明确地把这种假设和验证比作科学家的研究。② 与这种认知学习类似,从教学主体的自我理解到对教学的理解实际上也是理解者"头脑中的理论"与新事物、新知识相联系,从"猜测到证实",从而形成新的认知结构或视野融合的过程。

问题是,这种猜测是如何进行的呢?猜测本身没有可教可学的程序规则,它是一种内在于语言的艺术。语言具有一种"象征结构",它借助这种象征结构进行教学理解与解释,揭示教学事象的多重意义。那么,究竟如何检验我们对教学事象的意义的猜测呢?这当然要借助证据。这是教学主体实现对教学意义理解与解释的一个有效途径。然而,证据又是什么?被选作证据的东西意味着什么?证据之为证据,也有赖于教学主体的理解,即确定它与教学主体所关注的主题及在此基础上所作的猜测的关联。这种关联至少包括两个方面:第一,对教学事象的意义的猜测必须在理解对象中存有此种客观依据。假如被理解对象根本没有这种客观依据,则意义猜测就是无根的;在教学理解过程中,作为理解对象的教学事象拒绝这种随意强加的解释。第二,猜测所指向的意义主题,成为证据之为证据的主体性条件。柯林武德指出:"在你开始思想之前,你不可能收集你的证据……因为思维意味着提问题,而且任何事物除了与某个确切的问题有关之外,就不是什么证据。"③教学主体所关注的问题,规定了证据的范围,即只有与主题相关的事物、资料,才具有回答问题、确证猜测的证据资格。

在教学理解过程中,猜测与证据之间是以意义主题为指向的相互设定、相互适应

---

① See Sainsbury, M., *Meaning, Communication and Understanding in the Classroom*, Printed and Bound in Great Britain by Athenaeum Press Ltd., 1992, pp.107 - 108.
② See Smith, F., *Comprehension and Learning*, Holt, Rinehart and Winston, Toronto. 1975, p.125.
③ [英]柯林武德著,何兆武、张文杰译:《历史的观念》,中国社会科学出版社1986年版,第318页。

的关系。它表现为一种循环往复的运动。但这种运动导致的不是封闭的结论,而是开放的意义,即不是对猜测一味地肯定,而是通过猜测对证据进行批判性辨析和以证据对猜测进行确证的双向运动,不是"自我证实"的逻辑循环,而是意义生成的辩证运动。

(二)从对教学的理解与解释到教学主体的自我理解

这是教学理解活动的另一个向度,也是教学理解与解释辩证法的另一个方面。

我们知道,教学理解从根本上说指向教学主体的自我理解和自我超越,这是检验教学效果的最终依据。问题是,通过教学理解与解释达到人的自我理解与自我超越,这一过程究竟是如何实现的?

教学实践活动从本质上看,是教学主体的本质力量的对象化过程,实际上也是符号化的赋义活动。在教学实践活动中,教学主体是以符号建构和符号运用的方式来进行自身本质力量的对象化过程的。美国社会心理学家米德(Mead, G. H.)相信,人类的心智、自我意识与自我是通过社会互动发展起来的,社会是建立在连续的社会活动中形成的意义与符号的基础之上的。莫里斯认为,人"以他自己所创造的符号来改变他自己和世界"[1]。教学事象作为凝聚着人的本质力量的文化产品,实质上也是一种符号学事实。我们可以把教学作为一种符号化过程,对其进行符号学分析。

一般地说,符号作为"任何可以拿来'有意义地代替另一事物的东西'"[2],具有符号、意义和指称三元关系。符号与单纯的信号不同,它总负载着特定客体的信息,这种信息就是符号的意义。借助意义,符号才与客体发生联系,标志、指称着客体。符号与客体的联系完全具有偶然性,因为符号同被指称的客体之间没有任何由客体或符号的本性所决定的必然联系,"物的名称对于物的本性来说完全是外在的"[3]。但偶然性不等于主观任意性。符号作为交流的手段,之所以有意义,就是交流者相互认同的结果,

---

[1] [美]莫里斯著,定扬译:《开放的自我》,上海人民出版社1965年版,第44页。
[2] [英]特伦斯·霍克斯著,瞿铁鹏译:《结构主义和符号学》,上海译文出版社1987年版,第138页。
[3] 《马克思恩格斯全集》(第23卷),人民出版社1972年版,第119页。

具有一定的确定性和稳定性。因此,符号化活动是与人的社会生活紧密联系在一起的,符号指称客体的意义并不是符号自身的本性决定的,也不是由它所指称的客体来规定,而是人在实践交往中建构的。人的生命存在方式是对象化,即通过将自身的本质力量外化于对象物来确证、实现自身。从一定意义上讲,一切事物都可以被人赋予一定意义来表征其他东西,从而具有符号的特征。而人类的"赋予意义"的行为,即给予某事物以某种意义或从某种事物中领会某种意义,使人的生活世界普遍具有符号色彩,实际上是一个符号化世界。卡西尔说:"符号化的思维和符号化的行为是人类生活中最富于代表性的特征,并且人类文化的全部发展都依赖于这些条件。"[①]这就是说,进行符号学分析,不仅要考察符号与符号表达内容之间的关系,更要关注符号的语用学侧度,研究符号、人、语境三者之间的关系,揭示符号学分析对于人的实践活动的依赖性。这也是实践诠释学运用符号分析方法说明教学理解问题必须注意的方面。

在教学理解与解释过程中,把教学主体的行为视为一种符号化行为,把教学视为一种符号化事实,对其进行符号学分析,其基本思路就是从语义学分析进入到语用学分析,凸现语用学分析侧度,阐释教学这种"符号学事实"与人的内在关联,彰显其真实意趣,实现教学主体的自我理解和自我超越。这正是教学解释从外在解释发展至内在理解的重要机制。教学理解作为一种意义阐释和把握活动,更为重要的是要揭示教学事象对于师生的生命发展的意义。这一使命要求教学理解必须有助于开启人的生命存在的可能性,有助于实现人的自由与解放。正是师生之间、生生之间的共同活动,构成了师生生命发展的社会源泉。在教学活动中,语言和符号发挥着重要的中介作用,成为教学主体思考与认知的工具、自我调节与反思的工具,产生于教学主体的协同活动与人与人的交往的心理机能,逐渐转移至内部,成为人的内部心理过程的结构。因此,教学活动成了发展中的人与社会文化历史财富的中介者,人通过教学活动将心理间机能转化为心理内机能,实现了个体意识和文化—符号(表现为人们交往形式的集

---

① [德]恩斯特·卡西尔著,甘阳译:《人论》,上海译文出版社1985年版,第35页。

体/社会活动,是人的社会生活和社会活动的产物)[1]之间的转化,即实现了对教学的理解到自我理解之间的转化,或者说,实现了自我的开放性接纳与教学事象的未决状态的互动,教学事象因而获得意义,自我因此获得自我超越。大卫·杰弗里·史密斯说:"自我若想在真正成熟的意义上完整,就得对他人持完全开放的态度,而不能自我封闭于预先确定的例如'教师'之类的身份里。自我理解的真正提高是四重行为的不断递进:向他人开放;与他人交流;某种包含自我更新意味的自我反省;重新与他人交流。"[2]由此,教学得以赋义,自我得以更新,人得以生成。

二、教学理解的"外循环"过程

从教学主体的前理解到对教学的理解与解释,从对教学的理解与解释回到教学主体的自我理解、自我超越,这两个环节构成了完整的教学理解"内循环"过程。教学意义在这一循环过程中得以形成和开放。然而,我们在考察教学理解的实际演化过程时,还必须注意教学理解的另一个循环,即个体的教学理解与群体的教学理解之间的循环,它构成了教学理解的"外循环"过程。从个体的教学理解到群体的教学理解,是教学意义得以传输、交流和增生的过程,也是教学意义实现自身、具有社会性和客观性的标志。同时,群体的教学理解又不能走向自我封闭,成为否定个体理解的独特性的统制观念。群体的教学理解仅仅是特定场域不同个体对教学事象的共识性理解与阐释,是"未决的",它必须返归个体,在个体的教学理解中实现、完善、超越自身。在这里,教学理解的"内循环"过程与"外循环"过程共同构成了一种新的教学过程观。

---

[1] 高文著:《教学模式论》,上海教育出版社 2002 年版,第 443—444 页。
[2] [加]大卫·杰弗里·史密斯著,郭洋生译:《全球化与后现代教育学》,教育科学出版社 2000 年版,第 204 页。

(一) 从个体的教学理解到群体的教学理解

一般地说,具体的教学理解总是从个体开始的。个体的教学理解是教学理解的起点。这种情况首先是由个体在教学中的地位和意义决定的。马克思说:"人的个人生活和类生活并不是各不相同的,尽管个人生活的存在方式必然是类生活的较为特殊的或者较为普遍的方式,而类生活必然是较为特殊的或者较为普遍的个人生活。"[1]杜威也说:一切教育都是通过个人参与人类的社会意识进行的。这个过程几乎是出生时就在无意识中开始了。它不断发展个人的能力,熏染他的意识,形成他的习惯,锻炼他的思维,并激发他的感情和情绪。由于这个不知不觉的教育,个人便渐渐分享人类积累下来的智慧和道德的财富,他就成为一个固有文化资本的继承者。[2] 这就是说,个人在群体中具有本体论上的优先地位和意义。对教学理解问题的研究,首先必须把个人在群体中的存在作为前提,否则就有可能以群体压制个体,以共识淹没差异,进而导致教学理解上的独断论。

任何教学理解都必须以个体的理解和解释为起点,并以个体的理解和解释为归宿,才能真正揭示人的生命意蕴和可能性,实现个人的自由和个性丰满。首先,个体的教学理解是一切教学理解的现实起点。教学理解作为教学实践活动的内在构成,是以人的存在为基本前提的。而人的现实形态恰恰就是个人,是一个个有血有肉、有特殊禀赋、有特定情感和意志的个体。教学理解以师生个人的存在为前提,并具体地由师生个体来展开。其次,个体的教学理解也是教学理解的基本实现形式。教学理解既然是师生对教学的理解,那么,师生个体的教学理解就是教学理解的实现形式。任何真实的教学理解最终是由个体来承担的。最后,个体的教学理解是一切教学理解的最终返归的形式。教学理解从理解主体来分类,可以分为个体的教学理解和群体的教学理

---

[1]《马克思恩格斯全集》(第42卷),人民出版社1979年版,123页。
[2] [美]杜威著,赵祥麟等译:《学校与社会·明日之学校》,人民教育出版社1994年版,第5页。

解。个体的教学理解体现出不同个体对教学事象理解的差异性;群体的教学理解是通过个体之间的交往与互动而形成的特定场域中的带有某种共识性的理解。但教学理解无论形式多么不同,最终必须以个体的教学理解为归宿。只有这样,教学理解才能真正实现自己的"教化"使命,具有"解放的力量"。

但是,"受教育的个人是社会的个人,而社会便是许多个人有机的结合。如果从个人身上舍去社会的因素,我们便只剩下一个抽象的东西;如果我们从社会方面舍去个人的因素,我们就只剩下一个死板的、没有生命力的集体。"[1]教学作为一种社会现象,其社会本质任何时候都不应被忽视。苏联教学论学者克拉耶夫斯基认为:不能把教学归结为一些单个人的行动,教学不是单个教师和单个学生的行动的简单总和。这些单个人的行动只是教学社会活动的具体表现。人们必须区分出两类主体并据此区分出两个概念:一是"个人主体"。二是"集体或社会主体"。应当纳入想象中的不单只两个人,其中一个教,一个学,而是社会主体,即所有那些人。教与学乃是教者与学者这个社会主体的一种相互联系的活动。因此,教学的定义应当表述为:它是由集体主体这个掌握处于教育学阐释形式中的社会经验(亦即教养内容)的许多人们进行的一种活动。[2]

从个体的教学理解到群体的教学理解是教学理解展开的重要途径和方式。第一,群体的教学理解是教学主体总体的自我理解形式。个体理解虽然具有优先性、根本性,是群体理解的直接实现形式,然而群体的自我理解却并不以个体理解的形式来体现自身,并不表现为个人意见的集合,而是以群体协调、共识的形式出现。第二,群体的教学理解是个体的教学理解得以进行的必要条件。个体的教学理解总是从"前理解"出发的,而"前理解"作为个体对一定文化传统、知识经验的拥有,是以一定的群体的教学理解为前提的。同时,个体理解又总是以这样或那样的方式同群体发生联系,个体理解对群体理解有一定的依赖性。正如圣斯伯利所言:"互动倾向于对意义共享

---

[1] [美]杜威著,赵祥麟等译:《学校与社会·明日之学校》,人民教育出版社 1994 年版,第 5 页。
[2] [苏]沃·维·克拉耶夫斯基著,王义高译:《教学过程的理论基础》,江西教育出版社 1996 年版,第 8—10 页。

方式的更多参与,而不仅仅是个体的理解。'获得意义'必须产生于社会关系中,孤立的意识活动是难以想象的。"①个体的教学理解对于群体的教学理解的依赖性,决定了它必须通过将自身整合为群体理解的要素、环节和组成部分,从而成为群体自我理解的基本层次或意义单元,才有可能实现向群体教学理解的转化。

(二) 从群体的教学理解到个体的教学理解

群体的教学理解相对于个体的教学理解,从结果上看,当然更系统、更完整。但必须看到,群体的教学理解不能取代个体的教学理解,群体的教学理解至多只反映个体之间理解的共识性,而事实上每一个个体都是从自身独特的生命历程和经验去理解的,每一个个体之间理解的差异性是非常明显的。如果仅仅看到群体教学理解的普遍性,忽视个体教学理解的差异性,很难说就把握了教学理解的真实特性和实际过程。问题不仅仅如此。如果把这种本来源于个体理解、并以个体理解为基础的群体理解抽象地与个体理解相对立,甚至以群体的教学理解来否定、排斥教学理解的个体性与差异性,就会导致思想上的专制,它在实践上的直接后果是否定个人自由与个性解放。

从群体的教学理解返归个体的教学理解是纠正上述偏颇的唯一办法。这种返归,决不意味着仅仅回到原有个体理解的水平,而是将群体的教学理解所取得的超越个体理解的成果,具体化为每个个体进一步的教学理解所必需的"前理解",成为规定个体理解的"视界"。因此,从群体的教学理解返归个体的教学理解,较之原初作为出发点的个体理解已有了很大的不同,是个人对教学事象的理解的一次否定之否定过程,它已摆脱了原有个体理解未加反思的朴素特征,具有进化、发展的意味。

从群体的教学理解返归个体的教学理解,这是教学理解演化过程的必然归宿。返归个体的教学理解之所以重要,从根本上说,源于以意义阐释与把握为指向的教学理

---

① Sainsbury, M., *Meaning, Communication and Understanding in the Classroom*, Printed and Bound in Great Britain by Athenaeum Press Ltd., 1992, p.108.

解的本质。在这个过程中,教学主体通过对教学意义的理解与解释,最终指向人的自我理解和自我超越,开拓出人的生命意义的可能性。在这里,人的自我理解与自我超越,首先是就个体而言的。个体的自我理解与自我超越对社会的存在和发展来说,具有根本意义。"每个人的自由发展是一切人的自由发展的条件。"[①]基于此种认识,我们在逻辑上可以得出一个结论:个体教学理解能否进行和如何进行,是群体教学理解的关键;能否通过群体教学理解促进个人自由与个性解放,是教学理解的最终目标。

综上所述,个体的教学理解与群体的教学理解之循环关联与互动互进结构,作为前提和基础,制约、规范着人的自我理解与教学理解的循环关联和互动机制。前者通过与人的生命发展的实际进程和可能趋势相联系,在主体层面上张扬了意义阐释的批判性维度,为突破理解者既有理解视野的限制提供了可能;后者从教学理解的实现机制考察,既是在人的自我理解与对教学的理解的循环关联和辩证发展的结构中展开的,又是以个体的教学理解与群体的教学理解之间的循环关联与辩证发展为其前提和基础的。

---

① 《马克思恩格斯选集》(第1卷),人民出版社1972年版,第273页。

第九章
教学理解的方法

理解不是一个方法问题,方法是理解之后的事。方法无疑都是理解和解释过的东西。没有脱离理解的方法,或者说,在个人理解之外,不能产生起实际作用的方法。方法总是过程取向的,不是结果。因此,"学会学习"应该在学习过程中,在教学理解中,逐步领会、摸索,他才有可能形成属于自己的方法。严格地说,学习方法不是"教给"的,而是自我理解的过程与结果,具有个人化色彩,是无法模仿、移植的。

从诠释学的历史发展看,承认理解与方法有直接的联系,甚至作为一种方法,过去似乎不会引起太大的争议。不仅传统诠释学一直这样在理论上践行着,即使是当代哲学诠释学,如利科尔,也是在肯定理解作为人的生活方式的同时,让理解兼具方法的性质。最引起争执的是理解与方法的关系问题。

一、方法还是理解:两难的选择

理解究竟是借助方法而得以实现的,还是理解自身即是方法?如果说理解是运用方法达到的结果,那么,显然隐含着方法可以在理解之外存在的假定。[①] 如果我们把理解与方法划一,那么方法又是什么?

上述貌似相互抵触的处理方法与理解之间关系的态度,在传统诠释学中却和谐地共存着,具体表现为两个方面:(1)理解是方法的结果。把实现理解的问题作为方法的成败来研究,在具体理解中,首先考虑的是如何运用恰当的方法,如语义分析、考据等,去达成理解。在这里,方法服务于理解。(2)理解自身沦为方法。理解只不过是接近、发现"原意"的手段、方法和途径,理解本身即是方法。这两个方面实质是一种倾向:方法先于理解,理解不能离开方法。它给理解者一种错觉,以为理解所面临的首要问题是如何找到并使用方法的问题,似乎方法是堆放在那里,等待人擦亮慧眼,去挑选应用。"理解先于方法的,直接表现为人的存在方式的性质,被方法掩盖了。"[②]这种倾向在教学实践中其实并不少见。联合国教科文组织提出要让学生"学会学习"。在很多人看来,这无非就是让学生掌握学习方法。于是不少教师拼命讲授学习的方法与技巧,开学习方法讲座,搞学习方法交流,如此等等,以为这样就可以让学生学会学习,走终身学习之路。然而,最终的结果是令人失望的,不但没有取得预想的效果,还浪费了

---

① 殷鼎著:《理解的命运——解释学初论》,生活·读书·新知三联书店 1988 年版,第 108 页。
② 同上书,第 109 页。

不少时间和精力。这究竟是什么原因呢？有与理解分离的方法存在吗？

在哲学诠释学看来，理解不是一个方法问题，方法是理解之后的事。方法无疑都是理解和解释过的东西。无论谁提出什么方法，总是他理解之后的产物。即使方法从此以后已变成文字或模式存在，任何人在使用它时又在重新理解它。只有理解了它，它才是"你的"方法。否则，它就只是一堆文字或模型。从这一意义上说，没有脱离理解的方法，或者说，在个人理解之外，不能产生起实际作用的方法。方法总是过程取向的，不是结果。因此，"学会学习"应该在学习过程中，在教学理解中，逐步领会、摸索，他才有可能形成属于自己的方法。严格地说，学习方法不是"教给"的，而是自我理解的过程与结果的产物，具有个人化色彩，是无法模仿、移植的。同样，就教师教育而言，"学会教学"也不是直接学习教学方法就能使教师"会教"，这里面最重要的是就教师自身在理论引领下实践性的理解方法一定是"他的"方法，模式一定是"他的"模式，理论一定是他"个人的理论"，照搬照抄不可能真正学会教学，更谈不上形成自己的教学特色。因为"主体占有方法的方式，就是理解。他的方法的观察角度，正是他的理解的广度。"①

"要方法，还是要真理？"②伽达默尔选择的自然是真理——诠释学真理或理解的真理。按照他的信条，方法与理解并非一致，方法并非通达真理的途径，相反，真理困惑着具有方法的人。伽达默尔着力寻找的是一条通向理解的非方法大道。但这并不是说，伽达默尔本人就没有方法。他说："诠释学必须在辩证法中被恢复。"③伽达默尔所谓的方法，特指自然科学方法，即归纳法或演绎法。他反对的是对这种方法的神话和方法对人的控制与异化，即信奉方法至上的唯方法主义，压倒对人的关心，遮蔽理解对生活意义的阐明。方法是死的，人是活的，离开了人的方法是没有价值的。方法永

---

① 殷鼎著：《理解的命运——解释学初论》，生活·读书·新知三联书店1988年版，第111页。
② 伽达默尔在"自述"（1973年）中，批判了当代人对于方法的盲目信仰，认为方法论的狂热崇拜者是"没有充分反思过的人"。（参阅伽达默尔《全集》第2卷，图宾根，1986年，第495页。）此外，伽达默尔在《真理与方法》中强调了方法这门工具不能实现的东西，必须通过提问和探究的真理来实现。（参阅《真理与方法》。）
③ 严平著：《走向解释学的真理——伽达默尔哲学述评》，东方出版社1998年版，第17页。

远不会比人的生活高明,它作为生活的成分,摆脱不了生活自身不完满的局限,它没有资格居高临下地站在生活之上,指责人生存在状态的不完满。方法的局限从来就是人的局限。①

二、教学理解方法的特征

马克思说:"社会生活在本质上是实践的。凡是把理论导致神秘主义方面去的东西,都能在实践中以及对这个实践的理解中得到合理的解决。"②哲学没有能力改变方法与理解的关系,却能改变人由于分裂方法与理解而来的方法论迷信,方法与理解的关系的解决必须回到实践中加以审视。加拿大学者大卫·杰弗里·史密斯的追问或许也是一个回应:"到底存不存在可以应用于解决课程、研究和教学等方面的问题的'阐释学方法'呢? 这个问题,最好不直接回答,而是从具体情境中寻求答案。"③从实际教学中可以发现,对教学意义的揭示与阐释,进而实现教学主体的自我理解与自我超越,并没有什么特定的方法,有的只是"理解"本身,或者说,有的只是"人理解过了的方法"。只不过,人在使用"理解过了的方法"时,容易产生"自我遗忘"罢了,误以为方法是外在于人的。殊不知,方法与方法的产生和使用是一个过程的两个方面,就像游泳与游泳动作不可分一样。

因此,从实践的角度看,运用于特定的教学理解对象的方法只能是"理解"。尽管在具体的教学理解中,教学主体也有可能采用"说明"或实证分析的方法,但这些方法本身并不具备自足性,它们最终服从于教学意义的阐释与揭示过程。只有理解才是教学主体把握教学意义的根本条件和方法。全部教学理解活动的目标,在于揭示教学事

---

① 殷鼎著:《理解的命运——解释学初论》,生活·读书·新知三联书店1988年版,第144页。
② 《马克思恩格斯全集》(第3卷),人民出版社1972年版,第5页。
③ [加]大卫·杰弗里·史密斯著,郭洋生译:《全球化与后现代教育学》,教育科学出版社2000年版,第122页。

象中的人文因素或人之价值与意义。这种揭示和建立普遍的因果对应模式或诉诸实证分析的方法并无直接的、必然的联系。韦伯(Weber,M.)指出,因价值关联而有意义的文化事件总是个别的现象,这不仅指它是一次性发生的事件,因而具有独一无二的性质,而且还意味它始终与特定的价值观念相关联而产生特殊的意义。这种双重的个别性决定了如下一点:人们无法用自然科学的认识方法即建立精确的自然规律的方法来达到文化科学的认识目的。韦伯承认,这样建立起来的规律的确能够发挥某种类似词典的作用,但仅此而已。社会科学兴趣的出发点是围绕我们的社会文化生活的现实的,亦即个别的形态。社会文化生活的实在无论何时都不能从那些规律和因素中推演出来,凭借这些规律也无法使我们达到对于社会文化个体的认识。① 教学意义的揭示必须依赖作为生命存在方式的"理解"。借助"理解",教学主体才能实现自我理解与自我超越。从这个意义上说,教学理解方法就是教学理解揭示教学事象的意义,进而实现教学主体自我理解与自我超越的方法。具体地说,教学理解方法有以下一些特征:

1. 私人性。教学理解的对象即教学事象,是一个文化事件,具有鲜明的个别性和不可还原性,它的意义只能在特定的情境中实现,而教学主体总是具有独特的生活体验的人,他们参与了意义的实现过程。教学理解必须把理解者个人的经验因素纳入其中,如何把握教学意义与理解者个体的生命体验密不可分。因此,教学理解的方法具有私人性。所谓私人性,指任何个人的理解方法都不可能再由他人完整地体验或复制出来,个人理解在时空中发生的独特性,限制了他人占有此时空并取代其独特个性;其实,即使是同一个人,也不可能完整重复自己过去的方法,昨日之我不同于今日之我,此时之我异于将来之我。从某种意义上说,教学主体理解的过程是一种艺术领悟,是面对具体情境的实践智慧。对教师而言,教学理解方法的私人性意味着,教学重要的"并不是教——即所谓的灌输条理分明的知识,而是保护使每个学生找到适合自己的道路的环境条件","懂得每个学生的独特需要和接受能力,尊重学生的差异,知道对于

---

① [德]马克斯·韦伯著,韩水法等译:《社会科学方法论》,中央编译出版社2002年版,"汉译本序"第6页。

每个学生来说什么才是最好的"。①

2. 开放性。教学理解既然是一种意义阐释与把握的过程,这就决定了教学主体对教学事象把握方法的开放性。不同的理解者对同一教学事象的解读并不是唯一具有客观性的,教学意义也不是单一意义的负载者,它经由现在,指向未来,永远处于未决状态。不同个体从自身的独特"视界"出发,所拥有的方法有别;没有唯一合理的方法,只有不同的方法,因为,"只要我们有所理解,理解就会不同",自然,理解的方法也就不同了。理解的方法总是多元的、综合的,与对象本身结合的,"人们在从事真正意义上的探究时,是无法建立一套独立于所探究的对象的正确方法。这是因为被探究者本身拥有如何对之进行探究的部分答案。真正意义的探究,更多地具有某种乱糟糟的、对话的性质"②。对教师来说,"找回作教师的本来面目,意味着自己是作为真正自由的化身而站在学生面前的,随时随地都让人体会到深刻的幽默,这幽默来源于懂得人生的心脏是一团矛盾。要找到自我,就得失去自我,否则死亡就会以至为炫耀的伪装降临的,这死亡是由成百上千个成就组成的,它们让我封闭在自我的主体性的笼子里,没有人间伴侣,丝毫没有教学法可言,而教学法(pedagogy)本意指的是伴侣(希腊词 paedagogos,陪伴孩子的人)。"③教师之本来面目只不过是自由的化身,只不过是人间的伴侣,他并没有资格干预、剥夺学生理解的多样性和丰富性;相反,他应该开放性地接纳学生理解的多样性和丰富性,陪伴学生,以多样的、开放的方法理解世界与理解自己。

3. 价值性。由于教学活动具有鲜明的价值倾向,参与教学活动的人是价值负荷体,他们交织在社会历史文化传统的价值体系中,因此,教学活动的价值蕴涵是必然的,价值涉入是无法回避的。韦伯指出,价值是生活的命根,"没有价值,我们便不复

---

① [加]大卫·杰弗里·史密斯著,郭洋生译:《全球化与后现代教育学》,教育科学出版社 2000 年版,第 273 页。
② 同上书,第 127 页。
③ 同上书,第 279—280 页。

'生活',这就是说,没有价值,我们便不复意欲和行动,因为它给我们的意志和行动提供方向。"价值表示人与实在的一种关系。关系一旦消失,价值不复存在。社会科学关于价值的考虑因而有其两面性,一方面,人的生活世界是一个价值丰富的世界;另一方面,这个世界对于每一个个人之所以有价值,是因为人对这个世界取一种价值态度。如果个人不对世界表态,那么生活世界无论多么丰富多彩,对他来说也是毫无价值的——这自然只有抽象的可能性。[①] 在教学理解中,教学主体直接参与了"文本"意义的建构,理解对象本身就是理解的"产品"。教学主体不能跳出这种内在关系,"中立地""旁观"教学事象。教学主体只能在自己所建构的活动中,通过对其中凝聚着自己的本质力量的活动的意义阐释,"价值地"参与、确证和发展自己。在这个作为人的内在生存方式的理解活动中,教学主体理解的方法不可能是价值中立的,它源于人的生存条件,服从于人的自我实现和发展的价值需要。

总之,教学理解方法就是"理解",具有理解的所有特征,私人性、开放性与价值性只不过是它最为明显的几个特征罢了。

三、通向理解的"非方法"

在伽达默尔看来,科学方法是异化之源,它总是与控制意识有关,不能保证人们获得真理,于是他着手探寻通向真理的"非方法"大道:艺术、历史和语言。艺术也是一种认识,艺术中也有真理,艺术就是一种自我理解的方式。艺术作为存在的真理之显现,即是游戏(Spiel)。游戏摆脱了主体与客体,具有真理之发生和真理之参与的特性。理解不仅贯穿到美学之中,而且还贯穿到传统和历史之中,理解归根结底是此在的基本模式,人类的任何东西均可还原为这种基本模式。真正的历史对象并非对象,并不是主体或客体,而是二者的统一,是一种关系。此即他所谓的前科学的理解或真理。历

---

① [德]马克斯·韦伯著,韩水法等译:《社会科学方法论》,中央编译出版社2002年版,"汉译本序"第8页。

史理解按其本性乃是一种效果历史事件。这种效果历史的真理最终通过"问答逻辑"而出现。而艺术与历史作为理解的两种模式最终统一于语言。"能被理解的存在即是语言",语言即理解,亦即存在的模式。

不难发现,伽达默尔所谓理解的"非方法"实际上也是方法,只不过,它是不同于自然科学的归纳法或演绎法罢了。伽达默尔的重心在于强调理解方法具有一种"教化"的意味,它使人们具有一种合理的、不可学的、非效仿的合适感,它能使人们达到一种包含道德的、普遍的"共通感",并能"通过共通感理解无限",在这里,特殊事物"内在地""趣味"被"判断"。① 我们认为,教学理解方法正是这种具有"教化"意味的东西,它们使人在教学中,通过对教学事象的理解而理解无限,实现深刻的精神转变。应该说,教学理解方法作为一种"合理的"、"不可学的"、"非效仿的"的东西是难以捕捉的,更是难以描述的,或者说是"不可说的"。倘若一定要说出来的话,那么,笔者以为,在教学理解中,大致有以下几种"方法":

1. 陶冶。陶冶(Bildung)是文化教育学的重要范畴之一。它来自动词bilden,含义是构造或塑造,变成名词后,则有生成、创造之义。从词源上看,陶冶意味着精神上的、内在的深刻转变和自我形成,其转变的和形成的具体内涵即由个别性上升到普遍性。② 陶冶的本质在于向普遍性提升而使人自身成为一个普遍精神,沉湎于个别性而任其盲动就是未受到陶冶。德国文化教育学派李特(Litt, T.)是陶冶教育哲学观的代表人物之一。他认为,陶冶是人性臻达完美的途径,是在人的"内在形式"与"外在世界"之间所进行的一种精神上的、内在的深刻转变活动。③ 陶冶是身处现实环境中的人的精神世界进行内在转变的重要环节,其本质在于,它总是以一种超出人的本能的

---

① 伽达默尔在《真理与方法》中考察了人文主义传统的四个概念:"教化"、"共通感"、"判断力"和"趣味"。在伽达默尔看来,"教化"意味着深刻的精神转变,人们能够从生疏的、异在的东西中找到意义,获得"共通感";"判断力"是精神的一种基本智质,它把一个特殊的事物纳入一个普遍的知识中;而"趣味无疑是包含一种认识方式"。参阅伽达默尔著,洪汉鼎译:《真理与方法》,上海译文出版社1999年版,第10—53页。
② 邹进著:《现代德国文化教育学》,山西教育出版社1992年版,第93页。
③ "内在形式"指人的存在、精神、个性以及人之为的一切;"外在世界"指人们所处的客观环境,包括学校、家庭、社会等。参阅邹进著:《现代德国文化教育学》,山西教育出版社1992年版,第97页。

普遍法则去要求人,不断要求人扬弃自我,走向新我,实现人的灵魂、情感、意志和理性的全面超越。在李特那里,陶冶是通过"陶冶财"(Bildungsguter)①进行的。陶冶财之所以具有陶冶价值,是因为在陶冶过程中,通过想象、体验、感悟,陶冶财自身所负载的人类特有的创造性活动被复原出来,在人的精神世界唤起与此同样的活动,达到了人格陶冶的目的。

如果将陶冶与教育作出区分的话(实际上是不可能区分的),陶冶与教育的区别在于,教育偏重于主观内在的唤醒与引导,陶冶则强调文化的影响与熏陶。陶冶是熔铸了人的全生命、全人格的整体活动,是调动整个丰盈的生命力投入的"高峰体验"(**马斯洛的术语**)。人通过陶冶生成自我,在陶冶中,人的感性因素没有丧失,而是一切东西都被保存了。陶冶的这一特点表明,人在感觉中扬弃自己的个别性,与他者相会而达到"共通感",并在超越自我人格的同时,不断创造环境。在杜威看来,我们在本质上不仅仅是内在于环境的动物,而且依赖于环境。一般的看法是,"环境"意味着存在一种我们的生活所依赖的、外在的、静态的实体。这种说法忽略了两个事实:(1)环境不是一种严格地外在于我们的实体,我们就是环境的一部分,我们生活在环境之中;(2)环境并不是静态的,它是过程性的、易变的、动态的。"环境"这一术语并不表示某种永恒的、独立的实体,它是对一系列相互联系的、活动着的力量和要素的一种描述,这些力量和要素构成了我们在一定的时间和地点生活于其中的条件。② 马克思曾经在《关于费尔巴哈的提纲》中指出:"有一种唯物主义学说,认为人是环境和教育的产物,因而认为改变了的人是另一种环境和改变了的教育的产物,——这种学说忘记了:环境正是由人来改变的,而教育者本人一定是受教育的。因此,这种学说必然把社会分成两部分,其中一部分高出于社会之上(例如在罗伯特·欧文那里就是如此)。"在马克思看来,"环境的改变和人的活动的一致,只能被看作是并合理地理解为**革命的实践**。"③所

---

① "陶冶财"是具有陶冶价值,能为人所接受的精神文化财富。参阅邹进著:《现代德国文化教育学》,山西教育出版社1992年版,第99页。
② [美]罗伯特·B·塔利斯著,彭国华译:《杜威》(*On Dewey*),中华书局2002年版,第21页。
③ 厉以贤主编:《马克思列宁教育论著选讲》,北京师范大学出版社1992年版,第57—58页。

以,陶冶的目的不仅是达到内在人性的升华,而且是臻达不断完善的心灵与不断创造的外在世界的和谐统一的境界。

2. 体验。体验(Erlebnis)是文化教育学的另一重要范畴。作为一个哲学概念,特指生命体验,它产生于西方19世纪的体验哲学,狄尔泰最为系统提出"体验"范畴,并开创了"体验教育学"[①]。他将体验作为教与学、人与我、人与人之间关系的纽带,以自身体验去使对象感悟,"在你中发现我",力图为摆脱传统知识教学模式寻觅一条新的途径,其中充满着生命的意味和人文的情怀。之后,帕格森、齐美尔、海德格尔等人也对生命体验作过研究,提出了很多深刻的见解。作为一个心理学概念,体验主要是指由感受、理解、联想、情感、领悟等心理要素构成的一种特殊心理活动。

在教学理解中,体验是在对事物的真切感受和深刻理解的基础上对事物产生情感并生成意义的活动,它与人的生命活动相伴随,在终极意义上,是人的存在方式。"一个人越是能更多地体验人生,就越能更多地在理解中释放出人生的意义。"[②]体验的主要特征是:情感性(体验产生情感)、意义性(体验生成意义)和主体性(体验是个性化的、亲历的、过程的)。[③] 体验不同于经验,它更多的是强调人通过亲身经历而形成对事物独特的、具有个体意义的感悟。"经验一般是一种前科学的认识,它指向的是真理世界;而体验则是一种价值性的认识和领悟,它要求'以身体之,以心验之',它指向的是价值世界。"[④]当然,这并不是说体验和经验之间没有任何联系。在一定意义上,体验是经验的特殊形态,是"经验中见出深义、诗意与个性色彩的那一种形态"[⑤],是"一种注入了生命意识的经验"、"一种激活了的知识经验"、"一种个性化了的知识经验"[⑥]。在教学理解中,体验是直观感受性和意义超越性的统一。所谓直观感受性,是

[①] 狄尔泰将"体验"作为自己精神科学教育学的核心范畴,使得体验成为一个重要思想贯穿在他的整个教育理论之中。因此,有些学者将狄尔泰的教育思想称为"体验教育学"。参阅张国安著:《体验主义教育原理》,新中国书局1932年版。

[②] 殷鼎著:《理解的命运——解释学初论》,生活·读书·新知三联书店1988年版,第212页。

[③] 陈佑清:《体验及其生成》,《教育研究与实验》2002年第2期,第11—16页。

[④] 童庆炳:《经验、体验与文学》,《北京师范大学学报》(人文社科版)2000年第1期。

[⑤] 同上注。

[⑥] 孙俊三:《从经验的积累到生命的体验》,《教育研究》2001年第2期。

指教学理解总是对教学事象的直接、整体的感受;而所谓意义超越性,是指教学理解超越具体的情感与形象,生成更深刻的意义世界,"其深度涉及心灵、精神,囊括人生存和探寻的所有方面"①。从心理过程来说,体验一般是从对事物的亲身感受开始,在感受的基础上形成对事物的情感反映,情感促进主体对事物深入理解并产生联想,进而领悟、生成意义,而意义的生成又反过来深化情感。可见,体验过程是对事物进行感受、理解并产生联想,领悟并生成意义,丰富人的精神世界的过程。

3. 唤醒。作为一个教育学概念,"唤醒"最早由德国文化教育学派的代表人物斯普朗格提出。在他看来,"教育绝非单纯的文化传递,教育之为教育,正在它是一个人格心灵的'唤醒',这是教育的核心所在。"②教育的最终目的不是传授已有的东西,而是要把人的创造力量诱导出来,将人的生命感、价值感"唤醒","一直到精神生活运动的根"。斯普朗格认为,人文因素就是教育的根,而对教育之根和文化之根的寻求,只能通过人的灵魂的唤醒才能实现。

斯普朗格提出的"唤醒"这一范畴,具有本真意义上的"教育"概念的内涵。柏拉图说:"教育非它,乃是心灵的转向。"③教育的本真意义即是唤醒人沉睡的意识和懵懂的心灵,化育、引出一个新人来。在精神领域,教育对人的影响只能是在觉醒上的影响,教育不仅要从外部提升人的成长,更要解放人的成长的内部力量——教育最本质的力量在于解放。教学理解中的"唤醒"说明,人的生成并非像树木生长那样,是完全连续性的、阶段性的、渐进的,人的生成也有非连续性的、非阶段性的、顿悟的一面。在教学中,不少人常常会有随唤醒而来的"心里一亮"、"豁然开朗"的感受,这就是一种生命的"震颤",是一种突然与心灵内海接通、获得精神自由与解放进而产生的无比振奋的"高峰体验";"唤醒"使人在灵魂震颤的瞬间感受到一种从未体味过的内在敞亮,他的自我意识获得空前高涨,心灵闪烁着不同寻常的光亮。

---

① [加]马克斯·范梅南著,宋广文等译:《生活体验研究——人文科学视野中的教育学》,教育科学出版社2003年版,第17页。
② 邹进著:《现代德国文化教育学》,山西教育出版社1992年版,第73页。
③ 柏拉图著:《国家篇》,转引自金生鈜著:《理解与教育》,教育科学出版社1997年版,第1页。

4. 反思。"反思"是一个人们谈得比较多的范畴。洛克在《人类理解论》中谈到,"反省"是获得观念的心灵的反观自照,在这种反观自照中,心灵获得不同于感觉得来的观念的观念。① 斯宾诺莎则把自己的认识论方法称为"反思的知识"②,也就是对作为认识结果的知识的反思。对反思作出比较系统论述的当属杜威。在他看来,反思是"对任何信念或假定的知识形式,根据支持它的基础和它趋于达到的进一步结论而进行的积极的、坚持不懈的和仔细的考虑",它"包括这样一种有意识和自愿的努力,即在证据和理性的坚实基础上建立信念"。③ 由此,杜威进一步提出了反思的五个步骤:"暗示"——"问题"——"假设"——"推理"——"用行动检验假设"。④ 不难发现,洛克、斯宾诺莎与杜威等人所谓的"反思",主要是从认识论意义上加以阐发的。在教学理解中,他们的观点对知识意义的理解来说,有一定的借鉴意义。

在伽达默尔那里,反思具有了本体论意义上的内涵。伽达默尔说:作为诠释学的一项任务,"理解从一开始就包括了一种反思因素"。⑤ "一切理解都是自我理解",即理解具有自我反思的性质。"自我理解只有在对一种论题进行理解时才实现,它并不具有自由实现的自我实现的特性。"⑥这样的自我理解具有积极的发展自己关于世界的经验的作用。如,在对话中,"我们不断地进入到他人的思想世界",双方进行交流,视野都得到扩展,获得丰富;在文本解读中,文本"总是对向它询问的人给出新的答案,并向回答它问题的人提出新的问题,理解一个文本就是使自己在某种对话中理解自己"⑦。所以理解过程的真正实现"依我看来不仅包含了被理解的对象,而且包含了解释者的自我理解"⑧。正是在这个包含过程中,个人的经验得到丰富、视野得到扩展。

---

① [英]洛克著,关文运译:《人类理解论》,商务印书馆1959年版,第69—71页。
② 北京大学哲学系外国哲学史教研室编译:《西方哲学原著选读》(上卷),商务印书馆1981年版,第412页。
③ 杜威著:《我们怎样思维》,载罗伯特·哈钦斯主编:《西方名著入门·哲学》,中国商务印书馆、美国不列颠百科全书公司1995年版,第114页。
④ [美]杜威著,姜文闵译:《我们怎样思维·经验与教育》,人民教育出版社1991年版,第88—96页。
⑤ [德]伽达默尔著,夏镇平、宋建平译:《哲学解释学》,上海译文出版社1994年版,第45页。
⑥ 殷鼎著:《理解的命运——解释学初论》,生活·读书·新知三联书店1988年版,第56页。
⑦ 同上书,第56页。
⑧ 同上书,第57页。

伽达默尔进一步把自我理解扩展到整个人类的精神世界,他指出,"在构成意识的活动中所完成的所有工作都可以由解释学的反思完成"①,在理解过程,我们总有一个原先熟悉的、组织好的世界,成为我们理解的出发点,并引导我们期待的东西,但在理解过程中,又总有一种新的经验进入我们的原有世界,并使它们发生变化和重组,从而丰富了人关于世界的经验。这是一个无止境的过程。在理解与自我理解的关系上,伽达默尔还指出了这一转化过程的显著特征,即理解者能用自己的语言表达他的理解,"只有当文本所说的东西在解释者自己的语言中找到表达,才开始产生理解。"②当然,"理解者有着真正说话的自由,说出文本所意味的东西"③。伽达默尔的论述说明,反思在本质上也是理解的形式,即反思性的自我理解。在教学过程中,这种反思性的自我理解是普遍存在的,对师生精神世界的扩展与提升具有重要意义。当然,教学是一种"即席创作",④是一种"机智的行动","机智的行动是一种对情境的即刻投入,在情境中我必须全身心地对出乎意料的和无法预测的情境作出反应。我们积极地与孩子交往所体验到的机智,是一种对我们行动中的主观自我(subjective self)的可感知的意识。换句话说,当我们作为教师或父母时,我们不将我们的行动对象化,或者说,我们的反思与我们的行动没有剥离"。⑤

5. 感悟。感悟是有所感触而领悟意义的活动。陶渊明在《五柳先生传》中写道:五柳先生"好读书,不求甚解;每有会意,便欣然忘食"。这里的"会意"即感悟。意思是说,读书不要只注重细节,从总体上"粗"读,反而能有所感悟;一有感悟,便欣然而忘记了吃饭。很明显,感悟是人所特有的,它不同于"训练"。感悟是意义的建构、生成和精神的充盈,而训练则是为在新的符号体系下熟悉、熟练建立新习惯服务的。一般地说,训练是受训者迫于外在规则强制的行为,它可以使一些基本的技能得到掌握,同时也

---

① 殷鼎著:《理解的命运——解释学初论》,生活·读书·新知三联书店1988年版,第39页。
② 同上书,第57页。
③ 同上书,第208页。
④ [加]范梅南著,李树英译:《教学机智——教育智慧的意蕴》,教育科学出版社2001年版,第209页。
⑤ 同上书,第162页。

会带来某些感悟,但它不能代替感悟活动。① 过度的训练不仅不能增加感悟,还可能破坏感悟,使我们变得肤浅,变得没有灵性,没有意义感和活力。对教学来说,感悟具有重要价值。诸如写文章"有感而发",一篇文章只不过描述了一种感悟罢了——感悟常常与灵感相伴;解数学题,首先不是逻辑,而是对问题的某种直觉——感悟常常与悟性相随;思想品德课,首先不是讲热爱祖国的大道理,而应让学生的性情得到陶冶,懂得什么叫做真爱——感悟常常与美好的一切相连……

教学若要使人形成思想,拓展精神空间,就必须通过感悟,更多地提倡感悟,更好地运用感悟。比如说,教学朱自清的散文《荷塘月色》时,如果大搞文字分析或语言训练,肢解文章的整体美,那么,我们的学生不可能有更多的想象,不可能收获更多的灵性,喷涌更多的泉思。假如我们通过美读、配乐欣赏,采取图文并茂的方式,让学生亲身体验,"不求甚解",使之在心灵间"会意",形成共鸣,这样岂不是更美、更富诗意?我们的教学岂不更富生气?

感悟不仅是理解的过程,而且也是理解的结果。我们欣赏了一首诗,阅读了一篇美文,浏览了一本小说,不会是"潮打空城寂寞回",而会在头脑中留下痕迹,这些痕迹并不是孤立的,而是一个有组织的整体。这时,在人的精神世界,并不是简单地增加了或减少了什么,而是形成了新的整体。因为"理解不是知识的积累,增加一些成分而不改变整体的理解。理解中,任何部分关系的变动,已相应地改变了整体的理解"②。因此,感悟总是整体的感悟,感悟收获的是人之精神整体的充盈。

教学理解的方法除了上面提到的"陶冶"、"体验"、"唤醒"、"反思"和"感悟"之外,还有很多,比如"象征",也可以把它视为教学理解方法:象征与意义有不可分离的内在联系,象征活在意义之中,象征永远处于有所意味的意义状态,"象征拥抱着意义整体"③。所以,象征也是教学理解方法。教学理解方法是不可能尽数的,这里只是粗略

---

① 郭思乐:《感悟学习的若干思考》,《课程·教材·教法》2002年第1期,第19—24页。
② 殷鼎著:《理解的命运——解释学初论》,生活·读书·新知三联书店1988年版,第32页。
③ 同上书,第184页。

地举几个例子罢了。从现实的角度看,教学理解方法在实践中总是情境性的、整体性的,是交融的、不可分的。上面提到的"陶冶"即陶情冶性,内含"体验",体验促进联想与想象,联想与想象总与"象征"相倚,其中又会出现"反思"成分,生成意义,"反思"与"唤醒"关联,反过来又深化体验,如此等等。总而言之,教学理解是一种复杂的精神活动过程,它的方法在实际教学中是无法作出细致分辨的。

　　探讨教学理解方法是复杂的、危险的。说它复杂,是因为教学理解方法是一个难以说明白的问题,类似于维特根斯坦所说的"不可说的"那一类东西,最好对之保持沉默;说它危险,是因为教学理解方法其实不是什么特别的东西,它本身就是理解,可能会引起人们的非议或指责:"这是方法吗?"

第十章

教学理解的客观尺度

　　教学理解作为负载着人的目的意义和价值追求的对象化客体，其客观实在性和客观制约性是在教学实践活动过程中形成、显现，而成为感性直观的对象的。通过教学理解与解释，对这种感性直观的对象进行意义阐释，也就必然要以对象这种内蕴着人的活动的目的论客观过程为基础、为尺度，在张扬人性丰满与多样性的价值追求中保持内在的自为客观性。

教学理解究竟有没有客观性？这个问题直接关涉着教学意义阐释与把握的尺度。

在不少人看来，教学理解是一个"精神参与"的文化事件，始终与个人特定的价值观念相关联而产生特殊的意义，无客观性可言。其实，"'个人'不是一个'谜'，而是所有存在物之中唯一能够解释的'可理解的存在'，人的行动和行为决不像一切个别事件本身那样，是高度无理性的——在无法预测或使因果归源杂乱无绪的意义上——在合理的解释中止的地方尤其如此。相反，一般在合理的解释能够进行的范围，它已远远超出了纯粹'自在之物'的非理性"[①]。埃米里奥·贝蒂认为，在诠释学过程中，解释者必须通过在他内在自我内重新思考富有意义形式而从相反的方向经历原来的创造过程。在这种倒转里所面临的困难是，解释必须同样满足两个二律背反的矛盾条件：一方面是客观性的要求，即解释者的意义重构必须尽可能地符合"意义形式"的内容；另一方面，客观性要求只能由于解释者的主观性，以及他对他以一种适合于所说对象的方式去理解的能力的先决条件有意识才能达到。这就是说，"解释者被呼吁从他自身之内重新构造思想和重新创造思想，使它成为他自己的，而同时又必须客观化它。因此在这里我们有一冲突：一方面是那种不能与理解自发性相分离的主观因素，另一方面是作为要达到的意义它在性的客观性。"[②]这里存在一个主体自为存在和客体它在之间的二律背反的问题。那么，在教学理解活动中，如何认识这种二律背反？这种二律背反对理解的客观性构成威胁吗？如何协调理解的主观性与客观性之间的矛盾？教学理解的客观性究竟是指什么？这些问题就是本章要作出回答的具体问题。

一、考察客观性的三个维度

人们往往把客观性等同于"真实性"，认为所谓客观的事物，就是独立于人的主观

[①] [德]马克斯·韦伯著，韩水法等译：《社会科学方法论》，中央编译出版社2002年版，"汉译本序"第7页。
[②] [意]埃米里奥·贝蒂著，洪汉鼎译：《作为精神科学一般方法论的诠释学》，载洪汉鼎主编：《理解与解释——诠释学经典文选》，东方出版社2001年版，第130页。

因素而人的主观认识欲向之趋近或与之符合的东西。其实,客观性是一个比较复杂的问题。埃米里奥·贝蒂认为,一个解释若要追求客观性,必须遵循四条诠释学规则:1.对象自主性规则,即意义形式本质上是精神客观化物,是独立自主的,必须按照它们自身的发展逻辑,在它们的必然性、融贯性和结论性里被理解;2.意义融贯性规则(整体规则),即整体的意义必定从它的个别元素推出,而个别元素必须通过整体来理解;3.现实性规则,即理解是在自身之内重构创造的过程,重新转换外来的他人思想,通过转换综合于我们自己的经验框架内;4.意义符合规则(和谐一致规则),即把我们自己的生动的现实性带入我们从对象所接受的刺激之中,让我们和他人以一种和谐一致的方式进行共鸣。[1] 这些规则,有些关涉到理解的对象,而更多的关涉到理解的主体,有一定的合理性。笔者以为,考察理解的客观性,可以从理解的对象、理解的主体和人的实践本身三个方面入手,进而得出考察客观性的三个维度。

(一) 自在客观性

自在客观性把客观性定位于对象之上,强调不受主体及其活动影响的对象的自在特性和关系。方法论诠释学的一个基本设定是,肯定或者承认存在着一个解释的对象,相信文本具有意义,即原意。如赫施(Hirsch, E. D.)说:"一个本文具有特定的含义,这特定的含义就存在于作者用一系列符号系统所要表达的事物中。"[2]在认识活动中,知识的客观性正是以自在客观性的存在为前提的。我们只有假定对象的规定、属性和关系处于人的主观影响之外而自在地存在,人只能从观念上去接近它、把握它,这样所获得的观念成果才能在与对象的真实存在的规定、特性和关系的比较中,检验真假。因此,自在客观性是认识论中符合论的一个核心概念,是近代以来的知识客观性的基础。"自康德以来,对这些理论的主要运用是要支持与主客区别有关的直观,或者

---

[1] [意]埃米里奥·贝蒂著,洪汉鼎译:《作为精神科学一般方法论的诠释学》,载洪汉鼎主编《理解与解释——诠释学经典文选》,东方出版社2001年版,第124—168页。
[2] 王中江:《"原意"、"先见"及其解释的"客观性"》,《新华文摘》2001年第11期。

是企图指出,在自然科学以外没有任何东西被认为是'客观的'。""'可靠性'概念仍然暗示着我们只能通过与现实相符而成为合理的。"①在某种意义上,自在客观性概念对"知识的认识"而言,或许是有效的。但是,如内格尔(Nagel, T.)所指出的:"一切事物必定是不按任何观点而自在地存在的某物,我们在这种假设的压力下想要逃避主观性。通过越来越超脱我们自己的观点来把握这一点,这是追求客观性所想要达到但却无法达到的理想。"②在具体的认识活动中,人的主观因素会加入到我们的认识活动中,进而影响我们的认识结果。因此,即使是知识的客观性也不仅仅是知识的本体论基础或对象性前提层面上的问题,它在具体的认识活动中更直接地表现在认识论和方法论层面上。也就是说,知识的客观性并不仅仅取决于外在于人及其认识活动的对象的自在规定、特性及其关系,它更主要地表现为主客体相互作用的效应。这就意味着,存在着不同于自在客观性的另一种客观性之可能。

(二) 主体间性

主体间性是"主体通过发挥自己的主体性与其他主体保持理解关系的属性,主要包括理解性、通融性和共识性"③。从主体方面来考察知识的客观性,最重要的问题是解决知识在主体之间的理解性、通融性和共识性,即达到知识的主体间性。波普尔即是在此意义上使用"客观的"这一概念的。在波普尔看来,作为客观知识世界即"世界3"是由说出、写出、印出的各种陈述组成,它们出现在杂志、书本、图书馆等一定的环境中。波普尔岁所谓"客观的"这个词的用法不同于康德。它不是指可证明的、不依赖于

---

① [美]理查·罗蒂著,李幼蒸译:《从认识论到诠释学》,载洪汉鼎主编:《理解与解释——诠释学经典文选》,东方出版社 2001 年版,分别见第 533 页、第 535—536 页。
② [美]托马斯·内格尔著,万以译:《人的问题》,上海译文出版社 2000 年版,第 220—221 页。
③ 熊川武等著:《实践教育学》,上海教育出版社 2001 年版,第 71 页。

任何人的意念的,而只是说能被主体间检验,指非私人的意义。① 麦克洛斯基(McCloskey, D.)也认为,"客观、真理思想的要旨,是自觉的、批判性的社会共识","是基于文化上的同侪之间的一致意见。"②这就是说,主体间性把客观性定位于人际沟通上,强调客观性在于主体之间意见的沟通与共识,这就在逻辑上具有一种可在主体之间进行沟通传达和认同的理性依据。这种理性依据既不是外在对象的本来面目,也不能归结为认识主体的主观特性,而是主体在交往中所必须遵循的一套准则。这些准则是每一个参与交往共同体活动的主体无法摆脱的先在前提,也是他们独立从事活动的先在条件。否则,他们的活动将无法理解,也不能经过相互沟通而达成共识。因此,交往共同体内所认可的准则对共同体内的所有成员来说,具有一种客观制约性。这是主体间性作为一种客观性的内在理性根据。

主体间性并不是与自在客观性矛盾的一个概念,而是对后者的一种补充和具体化。因为当人们展开具体的认识活动时,对象的本来面目是什么,并不是一个已在人们的观念中十分清晰的东西。它本来就是一个需要认识的问题。我们不能采取独断论的立场,断言"我的认识就是客观的"。认识的过程和结果是主客体之间的相互作用,而主客体相互作用又总是以主体之间的交往和互动为前提的。托马斯·内格尔指出:"主观与客观是相对的。""更主观的观点并不一定是更私人的。一般说来,它是主体间可共通的。"③"如果一种观点或一种思想方式更少依赖于个人构造的特性和个人

---

① 参阅[英]卡尔·波普尔著,舒炜光等译:《客观知识——一个进化论的研究》,上海译文出版社2001年版,第297页。此外,波普尔还在《开放社会及其敌人》一书的第23、24章、《历史决定论的贫困》第32节中对"主体间检验"作了充分的讨论,参阅波普尔著,纪树立编译:《科学知识进化论——波普尔科学哲学选集》,生活·读书·新知三联书店1987年版,第32—37页。在《科学知识进化论——波普尔科学哲学选集》一书"作者前言"中,波普尔写道:"我的著作是想强调科学的人性方面。科学上可以有错误的,因为我们是人,而人是会犯错误的。因此,错误是可以原谅的。只有不去尽最大的努力避免错误,才是不可原谅的。但即使犯了可以避免的错误,也是可以原谅的。"由此可见波普尔强调"主体间检验"的客观尺度的真正用心。
② [美]麦克洛斯基等著,许宝强等编译:《社会科学的措辞》,生活·读书·新知三联书店2000年版,分别见第167页、第166页。
③ [美]托马斯·内格尔著,万以译:《人的问题》,上海译文出版社2000年版,第219页。

在世界上的特殊位置,或者更少依赖于他所属生物种类的特性,那么它就比另外一种更客观。一种理解方式越容易为更多的主体所理解——越少依赖于特殊的主体能力,它就越客观。"①因此,人们在意识中能确立的客观性尺度也只能是一种主体间性。它是认识共同体内所公认的文化传统与价值信念的结晶。

(三) 自为客观性

自为客观性把客观性定位于实践层面,也就是从实践的角度来考察客观性的真实内涵。这是客观性的第三个维度。马克思说:"社会生活在本质上是实践的。"同时,他还指出:"人的思维是否具有客观的真理性,这并不是一个理论的问题,而是一个**实践的**问题。人应该在实践中证明自己的思维的真理性,即自己思维的现实性和力量,亦即自己思维的此岸性。关于离开实践的思维是否具有现实性的争论,是一个纯粹**经院哲学**的问题。"②理解在本质上是实践性的理解。首先,理解作为人的存在方式,本质上是实践的。其次,理解在本质上不能被当作一种既定的、自在之物来看待,它是人在实践中形成、发展的一个过程。从根本上说,理解不能仅仅从现成状态去把握,更主要地要从它所展现的可能性去把握,即要从它对人的生命意义的角度去把握。最后,理解是人的自由自觉本性的展开方式,实现着人的生命意义的可能性。因此,定位于实践的客观性不是一种与人无关的自在客观性,也不仅仅是一种主体间性,而主要是一种植根人的生命发展的客观性质。这是一种内蕴了自为性、价值指向性的客观性。

自为客观性的意义在于,它要求理解者从整体上服从人的生命发展的终极目的,张扬人的个性的丰富性、多样性,使人获得真正的自由和解放。自为客观性不同于自在客观性,就在于它内在了人的目的性要求,是向着人的真实生活迈进的过程。而这种生活的展开首先是基于人不同于自然存在物的生命特质的文化建构、创造和开放的

---

① [美]托马斯·内格尔著,姚大志译:《什么客观性》,《世界哲学》2003年第3期。
② 《马克思恩格斯选集》(第1卷),人民出版社1972年,第16页。

过程,是一个通过理解来实现自身的过程。自为客观性亦不同于主体间性,它不仅仅是一个人际互动的协调过程,它更主要地表现为人的真实生活的展开。这种真实生活的展开,即个性的丰富与人的自由解放并不终结于生命的某一特定时刻,而是一个永无止境的开放过程。"每一个人都可以在一定范围内集中精力过他的生活,而且不会有一个单一的、可客观描述的,每一个人的行为都必须参照它来辩护的目标。"[①]从这个意义上说,自为客观性主要是从活动过程的角度考察理解的客观性,而不是从结果或方法的角度来认识的,亦即活动过程本身具有客观价值,是不以人的意志为转移的。

二、教学理解的客观性问题

由于教学理解以意义阐释和把握为指向,以开拓人的生命意义的可能性为目的,因此,教学理解的客观性既不仅仅表现为自在客观性,也不仅仅表现为主体间性,它更主要、更直接地体现为自为客观性。自为客观性,是教学理解的客观尺度的显著特征。

(一) 两个认识误区

误区1:把教学理解的客观性归结为一种自在客观性,认为教学即追求知识或其他学习内容的"原意"。这其实是科学主义在教学理解领域泛滥的结果。在科学主义者看来,认识主体与认识客体是二分的,认识过程是主体逐渐清除自己的先见,去接近客体的本来面目或真理的过程。这种观点在以孔德、斯宾塞、涂尔干为代表的社会学主义学派、以斯金纳为代表的行为主义学派和科学哲学中的实证主义思潮中均有体现。将教学理解视为类似于自然存在物那样的自在客观性,以对象性思维方式说明教学理解得以可能的前提和基础,这是科学主义教学理解观的基本观点,当然也是它的

---

① [美]托马斯·内格尔著,万以译:《人的问题》,上海译文出版社2000年版,第215—216页。

缺陷所在。

很长一段时间以来,在课堂教学过程中,教师为提问设置不容质疑"标准答案"的这种做法屡见不鲜。这是自在客观性的一种绝对化形式。殊不知,"纯粹的事实概念是抽象理智的胜利。""这种逻辑的或科学的神话在绝对意义上并不错,它只是不严谨的,其真理为尚未表明的预设所限定;而随着时间的推移,我们就会发现这种局限性。对'正确或错误'这一概念的头脑简单的使用正是理性进步的主要障碍之一。"[①]更为严重的是,"标准的概念消除了对话、讨论和批判思考的可能性……它把知识作为文化遗产的形式,而不去考虑知识如何能被隐含在剥削、矮化和压迫的社会实践中。"[②]在标准之外,还存在着被标准边缘化的知识形式,它们也有被倾听的需要。其实,世上并没有抽象的一般真理,真理总是具体的、情境化的,真理的意义寓于它的具体应用。真理"只有在它们实际作用于直接经验的世界时,它们才抛开自己冷漠的含糊性,才有所意指,有生气,和显示出它们的力量……真理在很大程度上主要取决于周围联系,取决于谁说了什么,对谁说的,为什么说和在什么环境下说的……一个原理的要点寓于它的应用,并且按照一个不顾情况特点的空论家的抽象准则的指导行事是很危险的。"[③]所以,从实践上说,设定不容质疑的"标准答案"来衡量教学理解的客观性是有问题的,是不妥的。

马克思说:"只有音乐才能激起人的音乐感;对于没有音乐感的耳朵说来,最美的音乐也毫无意义,不是对象,因为我的对象只能是我的一种本质力量的确证,也就是说,它只能像我的本质力量作为一种主体能力自为地存在着那样对我存在,因为任何一个对象对我的意义(它只是对哪个与它相适应的感觉说来才有意义)都以我的感觉所及的程度为限。"[④]马克思的这番话是意味深长的。教学理解的客观性不是离开教

[①] [美]阿尔弗莱德·怀特著,韩东晖、李红译:《思想方式》,华夏出版社1999年版,第12—13页。
[②] [美]亨利·A·吉罗克斯著,刘惠珍、张弛、黄宇红译:《跨越边界——文化工作者与教育政治学》,华东师范大学出版社2002年版,第119页。
[③] [英]F·C·S·席勒著,麻乔志译:《人本主义研究》,上海人民出版社1966年版,第8页。
[④] 《马克思恩格斯全集》(第42卷),人民出版社1979年版,第125—126页。

学主体的自在物，而是与人有所"牵涉"的某种客观性。这种客观性，在布尔特曼看来，"在自然科学意义上，它确实是不能达到的"，"这个'自在'将是客观性思想的幻觉"。① 其实，即使知识也不是固定的，永恒不变的。"它既作为一个探究过程的结果，同时又作为另一个探究过程的起点，它始终有待于再考察、再检验、再证实，如同人们始终会遇到新的、不明确的、困难的情境一样。"②波普尔对人类科学知识的增长的研究表明，所有科学知识都是猜测性的、假设性的、可错的、不存在静止的、封闭的真理体系。在教学过程中，对知识的刻板信念会不知不觉地在学生身上形成这样一种观念，即相信世界上任何问题的解答或解决都存在某个固定的、确定无疑的答案或方法，而且每个问题的解答或解决都只能有一个答案或一个方法。这种确定性意识教会他们迷信书本、迷信权威、迷信答案，久而久之，会在他们身上形成一种弗洛姆所说的"非生产性性格"。

误区 2：把教学理解的客观性归结为一种主体间性。这种观点认为"一个人的信念是在社会互动中形成的"③；基于"只要有所理解，理解就会不同"，而且，这种"不同"具有绝对性。由此，教学理解的客观性就是源于主体间"维持信念的共有的假设"，就是对"差异"的尊重与统一。这样，教学理解的客观性就只有在主体间共有预先假设的框架内才是可能的。哲学诠释学对课程与教学的最大贡献之一，便是指明人是怎样相关地、相对地，而不是绝对地认识事物的意义。大卫·杰弗里·史密斯在《诠释学想象力与教学文本》一文中这样写道：

> 概念、结构或范畴的最终权威，并非寓于概念本身，而是寓于人们通过对话达成的一致意见中。诠释学之偏向于关联性（relationism）而反对绝对主义，并不意

---

① [意]埃米里奥·贝蒂著，洪汉鼎译：《作为精神科学一般方法论的诠释学》，载洪汉鼎主编《理解与解释——诠释学经典文选》，东方出版社 2001 年版，第 124—168 页。
② [美]福克斯著，施良方译：《布鲁纳与杜威：他们的认识论、心理学及其与教育的关系》，载瞿葆奎主编《教育学文集·教学》（上），人民教育出版社 1988 年版，第 438—439 页。
③ [加]弗兰克·库宁汉著：《社会科学的困惑：客观性》，社会科学文献出版社 1992 年版，第 178 页。

味着将关联性抬至新的绝对地位,只不过是支持这样一个观点,即关联性(创造性地共同生活于地球上)要求有一个新的教学和研究环境。用伽达默尔和理查德·罗蒂的话讲,诠释学方式更多地具有对话的(conversation)的性质,而不是去作分析或声言占有了真理。人们一旦进行美好的对话,往往在一定程度上忘却自我,将自我让位于对话本身,这样,对话过程中所认识到的真理(truth)绝不是某一说话者或一派的占有物,而是所有参与者意识到为大家共同分享的东西。托马斯·默顿(T. Merton)对这一点作了极好的陈述:"假如我把我的真理给了你,而没有从你身上得到真理的回报,那么,我们之间并没有真理可言。"①

真理即"关联性意见","具有对话的性质",是所有参与者"共同分享的东西"。大卫·杰弗里·史密斯的这种典型的后现代声明是极具蛊惑力的,不少人为之振奋,为之欢呼。在我国,在猛烈抨击"标准答案"做法之不妥后,有不少教师在教学过程中又有了一套新的做法:不论对错,凡学生的回答统统予以肯定;且美其名曰:"鼓励学生"、"尊重学生的差异",然后"统一大家的意见或思想",等等。笔者以为,这种做法初衷固然可嘉,但可能会因过于强调"差异"、"统一意见或思想"而引起一些本该可以避免的混淆,甚至造成一些错误。

对教学理解的客观性作主体间性的说明,源于如下事实:不能到理解对象那里去寻求理解的客观性,那么,理解的客观性又在哪里呢?当然只能在理解主体那里。的确,"作为一个特殊教育过程的对象的某一特殊个人显然是一个具体的人……每一个学习者的确是一个非常具体的人。他有他自己的历史,这个历史是不能和任何别人的历史混淆的。他有自己的个性……进入教育过程的个体是一个具有文化遗产的儿童,他具有特殊的心理特征,在他的内心有家庭环境的影响和四周经济状况的影响……这种具体的人是生气勃勃的,有他个性的各个方面,有他自己的各种需要。"然而,我们还

---

① Smith, D·G., *The Hermeneutic Imagination and the Pedagogic Text*, in Edmund Short (1991). Forms of curriculum Inquiry. New York: SUNY Press. 亦见[加]大卫·杰弗里·史密斯著,郭洋生译:《全球化与后现代教育学》,教育科学出版社 2000 年版,第 125—126 页。

必须注意,"作为教育主体的人,在很大程度上,是一个普遍的人——在任何时候,任何地方都是一样的",是"抽象的人和具体的人"的统一。"因为事实上,我们一方面加入这个普遍的和抽象的观念世界,另一方面又以自己个人的感情、思想和生存,对世界做出显然富于创造性的贡献。我们就是通过以上这两个方面进行交流的。"[1]因此,从人的规定性的角度来说,仅停留于主体一极,在主体内部与主体之间寻求教学理解的客观性,仍不能正确解决教学理解的客观性与人的生命发展的真实性之间的关系问题。

我国一位学者指出:"也许主体间性能够产生互相理解,然而理解仍然是知识论水平上的事情,它完全不能蕴涵实践论上的积极结果。很显然,知识论上的理解不能保证实践上的接受,比如说即使满足了哈贝马斯标准所谓'可理解的、真实的、真诚的和正确的'商谈(discourse)所发展出来的理解产生了表面上的或不重要的共识以及无关痛痒的同情,但与实践上能否合作、接受或让步无关。所谓'心服口不服'说的就是这样的问题,道理上(商谈)理解了不等于心(情感、价值观和利益)愿意接受。理解决不意味着在利益上的实际分享和出让或者价值观和信念的改变。知识论上合作仍然可以保持实践上不合作,人们互相理解但还是要博弈,原来的所有生活实践的问题都没有改变。"[2]由此可见,"认识你自己"在知识论意义上并不是"改变你自己",只有实践论意义上的"认识你自己"才具有"改变你自己"的力量,二者才是合一的。

(二) 教学理解的客观尺度

我们相信,"主体间性只不过是知识论水平上有效的原则……他者性原则明显具有实践性力量。列维纳斯强调的他者性原则就表达为'面对面'的行为关系,孔子所表达的他者性原则(**仁,可以解释为'至少二人的互惠关系'**)也是实践性的关系……他者性与幸福有着一种命定的巧合,即幸福的钥匙在他人手里,幸福是他人给的,爱、友谊、

---

[1] 联合国教科文组织国际教育发展委员会编著,华东师范大学比较教育研究所译:《学会生存》,上海译文出版社1979年版,213—214页。
[2] 赵汀阳:《知识,命运和幸福》,《哲学研究》2001年第8期。

承认、成功、回报、帮助、分享、支持等等所有幸福都在他人手里,如果他人不给,你就没有。"[1]以他者性原则和幸福理念为基础检视教学理解的客观尺度,我们将会发现一个新的问题体系,它远远不仅是知识论问题体系而且是实践论问题体系。也就是说,教学理解的客观性既不能仅仅从理解对象方面去寻求,而归结为科学主义的自在客观性;也不能仅仅从理解的主体方面去寻求,而归结为主体间性。它应该从人的生命发展的实践中去寻求,即把理解主体看作实践活动的参与者,把教学理解活动视为教学实践活动的内在构成,从教学实践活动的客观性角度去把握教学理解的客观性蕴涵。

我们知道,教学实践活动的客观性并不是单纯对象客体的自在客观性。作为有目的有意识的能动活动,教学实践活动深刻地体现出人的自为特性,即人力图在自身对象化活动中实现自己、超越自己,展示自身存在的可能性和丰富性。自为性与人本身的自由存在方式是不可分割地联系在一起的,它是教学实践活动客观性的首要规定。同时,教学实践活动的客观性又不能仅仅从主体方面去寻求,而将其规定为主体间性。教学实践活动的客观性直接体现为自为性,是一种与人的个性丰富和自由实现相联系的目的性。这样一种内蕴了人的价值追求的自为客观性,揭示了人的生命意义的奥秘,融合并超越了自在客观性和主体间性,是内在制约教学实践活动的客观性。自在客观性与主体间性只有和自为客观性相一致,才能获得自身独特的价值,才能真正保证人的个性自由全面发展。

教学理解的客观性与教学实践活动的客观性是同一的。就外在过程而言,它体现为教学实践活动的客观性;就内在过程而言,它又体现为教学理解的客观性。首先,教学理解是教学实践活动的内在构成,教学实践活动是教学理解的基础。教学实践活动的自为客观性必然体现为教学理解的客观性的主要特征。其次,教学理解的客观性是一种意义的客观性(objectivity of significance),意义的客观性归根结底是教学实践活动的客观性,它发生、存在于教学实践活动过程之中,并通过教学实践活动显现、折射出来,是不以人的意志为转移的。最后,教学理解的价值指向与教学实践活动的价值

---

[1] 赵汀阳著:《知识、命运和幸福》,《哲学研究》2001年第8期。

指向重合、统一,从内容上揭示了教学理解的客观性与教学实践活动的客观性相统一的根据。与教学实践活动是为了实现人的个性丰富完善的目的一致,教学理解从根本上看,也是通过教学意义的阐释与把握,实现人的个性丰富和自由解放为目的的。教学理解的自为客观性在这一价值取向中得以规定。它说明,教学理解的客观性在于揭示人的生命意义的自为性。维特根斯坦曾经提出一个耐人寻味的问题:如果我们总能有不同的理解,那么什么才算是正确地理解了一条规则呢?我想可以这样回答:至少在很多情况下,这取决于我们需要什么样的理解。[①] 笔者以为,在教学过程中,我们在很大程度上,所需要的"真理只是照亮而不是正确"[②]——照亮学生前进的路,而不是轻易地、简单地以知识论眼光判定正误;从他者的角度着想,给学生以幸福,与学生分享幸福,而不是指示、命令或统一学生的思想。

案例:蹲下来看学生

有一次,我听一位教师教《乌鸦喝水》。读到"乌鸦把一个个石子衔起来,放进瓶子里,瓶子里的水慢慢地升高了"时,老师问"慢慢"可以换个什么词。有换"渐渐"的,有换"逐渐"的,老师高兴地予以肯定。忽然有个小朋友说:"还可以换'慢腾腾'——瓶子里的水慢腾腾地升高了。"老师微微一笑,说:"不行啊,'慢腾腾'用在这里不合适。"

老师说得对吗?对的,因为在大人看来,这样说是断然不行的。此话如出自大人之口,人们一定会发笑。但是,如果我们蹲下来,用孩子的眼光看呢?在孩子眼里,什么都是有生命的,有感情的,不要说他们对着玩具喃喃自语司空见惯,对着茶杯、茶壶之类的东西说个没完的又少吗?孩子说"瓶子里的水慢腾腾地升高了",我看完全在情理之中。

今年4月初,我应邀到上海师资培训中心上课。上的是古诗《草》。有位小朋友在画"春风吹又生"的诗意时,把春风画成黄色的。我笑笑说:"是的,当春风裹着沙尘刮

---

① 赵汀阳著:《从知识眼光到创作眼光》,载赵汀阳著:《赵汀阳自选集》,广西师范大学出版社2000年版,第48页。
② 章启群著:《意义本体论——哲学诠释学》,上海译文出版社2002年版,第54页。

来的时候,春风是黄色的。"有一位小朋友不同意,他说春风是绿色的,于是又把黄色的风擦掉,画成绿色。我也笑笑说:"不错,在诗人眼里,春风是绿色的。不然,王安石为什么说'春风又绿江南岸'呢?你长大了,说不定也会成为一位诗人。"话音刚落,听课的教师为我鼓掌。接着,又有一位小朋友说:"他们都不对,因为风是看不见的,画不出来的。"于是,他把绿色的风擦掉,把草叶画成一边倒。我说:"我们一看,就知道在刮风,而且风刮得比较大,草都被吹弯了腰。"听课的老师又热烈地鼓掌。这次的掌声当然是给这位小朋友的。按理说,只有最后一位小朋友说得对。但对前者,我为什么不予以否定?我想,如果否定他们——哪怕态度很温和——不就把学生的想象力封杀了?

蹲下来看学生,许多幼稚可笑的东西,便会觉得不幼稚,不可笑,甚至会觉得学生了不起。[1]

从上面这个案例可知,教学理解的客观性实质上是一种自为客观性。它以教学实践活动为基础,是内蕴了人的目的性、价值性和自为性要求的一种内在制约性。正如科学知识的客观性是以外在客体的规定、属性和结构为根据的一种不以个人意志为转移的制约性一样,教学理解的客观性从根本上看,是以教学实践活动的意义(significance)为根据的、不以人的意志为转移的制约性。不过,对于教学实践活动而言,我们不能以对象性思维方式去获取"意义",而应该从反思性思维方式之立场,通过揭示人的实践活动的目的、价值与人的行动结果之间的内在关联,来展示教学主体的生命意义。史密斯(D. G. Smith)说:"阐释的目的并不在于对事物作另一番解释,而在于追求人的自由,在那些转瞬即逝的人生关头,揭示出某人所感受的生活重负是怎样源于对事物的理解的偏狭的,从而寻找到光明、身份和尊严。"[2]因此,从教师的角

---

[1] 于永正著:《蹲下来看学生》,载《教师博览·百期精华》,江西高校出版社2001年版,第318—319页。略有删改。
[2] [加]大卫·杰弗里·史密斯著,郭洋生译:《全球化与后现代教育学》,教育科学出版社2000年版,第112页。

度来说,重要的并不在于以"客观性"为由规训、算度、操纵学生的理解,而在于教化。"每一个教育者都应该站在改造国民性、重塑民魂的高度,规划我们的教育行为,解放学生被禁锢的心智,解放学生被束缚的个性,使学生僵化的头脑能够异想天开,使学生萎缩的人格大放异彩,使学生的表情生动起来,从而让我们的社会丰富起来。"①

教学理解的自为客观性,深刻地表现在教学理解所内蕴的目的和价值追求之中。以意义阐释和把握为指向的教学理解是一个内蕴价值追求的目的论过程,一切教学理解最终只能以揭示人的生命发展的可能性,促进人的个性丰富与自由解放为最终目的。而一切无助于揭示人的生命意义,甚至阻碍人的个性丰富完善和自由解放的教学理解,最终会因为通过教学实践活动的对象化过程而产生种种有悖于教育本真意义的"反教育"现象或事实,从而被人们所排斥与否定。"反教育"现象或事实,固然有其客观性之外观,但只是就它们作为一种实存性的"存在者"而言才是"客观的";就人的存在意义而言,就人的生命意义的指向而言,它们却是假的、恶的、丑的,没有客观性可言。这些理解形式只是出于某些个人或集团为维护一己之利,或出于某种偏狭的意识形态而对教学事象的一种曲解。这种教学理解不但不能引导教学实践活动中人之生命意义的开启,反而会导致人之精神生命的枯萎与衰竭,使人之自我迷失。它们之所以被称作"反教育"现象或事实,是"假的、恶的、丑的",正在于它们与教学实践活动的本真的、善的、美好的历程相背离,不能导向人之存在真理的追求和生命意义的开启,因而根本不具有意义的客观性。正是在这个意义上,我们可以说:"只要有利于师生身心健康与发展,即使是'善意的谎言',都是理解;反之,哪怕是'实话实说',都是误解。"②

教学理解作为负载着人的目的意义和价值追求的对象化客体,其客观实在性和客观制约性是在教学实践活动过程中形成、显现,而成为感性直观的对象的。通过教学理解与解释,对这种感性直观的对象进行意义阐释,也就必然要以对象这种内蕴着人

---

① 肖川著:《教育即解放》,《中小学管理》2002年第3期。
② 更详细的讨论请参阅熊川武、江玲著:《理解教育论》,教育科学出版社2005年版。

的活动的目的论客观过程为基础、为尺度,在张扬人性丰满与多样性的价值追求中保持内在的自为客观性。

惟其如此,我们的教育才能把人从相互猜忌、相互防范中解放出来,从狭隘的功利和世俗的羁绊中解放出来,从依附、盲从和定式中解放出来,从传统、习俗、群体压力以及本能欲望的束缚中解放出来——这就是教育的核心使命。任何教育,无论它处于什么层次,是以哪一方面为侧重点,都应该以致力于人的个性全面发展为其根系所在,都应该以致力于人的解放、自由、超越和完善为其根本内涵。舍此,教育不成其为教育。

后 记

"教学是什么?"这是一个常问常新的问题。

20世纪30年代,以凯洛夫为代表的苏联教育学者提出了自己的观点:教学是一种特殊的认识活动。由此观点出发,他们建立了"凯洛夫教学论"。应该说,"凯洛夫教学论"在知识学习方面是相对成熟的,有其可取之处。同时,凯洛夫教学论也存在它自身难以克服的问题,即"凯洛夫问题"。人的认识能力的单向发展与个性全面发展之愿望的矛盾是"凯洛夫问题"的核心。

诠释学作为20世纪以来颇显生机的学问,是解决"凯洛夫问题"的一个视角。当我们以诠释学的语言想象教学的时候,教学是生成生命意义的理解过程,是一种在场和际遇;教学的价值不仅仅是"认识你自己",而且是"改变你自己"。

"教学诠释学"彰显了"理解"的教学论内涵:教学的领域是理解的领域。在一般意义上,教学即对理解的自觉追求;在终极意义上,教学即理解。马克思实践诠释学不仅为"教学诠释学"提供了理论滋养,而且为"教学诠释学"的理论框架的建构提供了钥匙。

首先,教学实践活动是教学主体现实生命的展开过程,教学理解则是教学主体精神生命的实现过程,两者在实践中内在统一。教学实践活动与教学理解的内在关联与统一,决定了教学主体对教学意义的理解必须指向人的自我理解与自我超越。教学实践活动是教学理解的本体论前提和基础,它规定了意义之为意义和意义存在的理性依据。这就正确地解决了"教学意义存在何处"的问题。

其次,教学理解是以教学实践活动为载体,通过知识取向的教学理解、实践取向的教学理解到解放取向的教学理解的发展、演化的统一过程,在教学主体的自我理解与对教学事象的理解、个体理解与群体理解的循环互动中展开的。在其中,教学意义得以构建、增殖与扩展，有力地促进了师生生命意义的开启，为现实地实现人性丰富完善与自由解放提供了可能。这就解答了"教学意义如何揭示"的问题。

最后，从实践诠释学出发认识教学，即是从实践的角度、主体的角度认识教学存在，教学理解的尺度因此而有了新的内涵——它不是一个纯然自在的客观物，也不是一个纯然主观的个人意图；教学理解内蕴着教学主体的目的和价值，具有自为客观性。这样，我们就能够超越绝对主义与相对主义的对立，重新确认教学理解的意义准则，很好地回答"教学意义的尺度是什么"的问题。

总而言之，"教学诠释学"可以在马克思实践诠释学理论视域中得到合理理解和具体阐发。以上就是《教学诠释学》一书从问题到思路、从观点到方法的大体框架。

我很喜欢周国平先生的一句话："一个不曾用自己的脚在路上踩下脚印的人，不会找到一条真正属于自己的路。"对于我，"教学诠释学"是个人学术史的一个脚印。这个脚印来源于我的导师华东师范大学教育学系教授熊川武老师倡导的"理解教育"。熊老师有一句话："理解学生，教在心灵；理解老师，勤学奋进；理解自己，塑造人生。"熊老师将对人性的理解融于教育，使教育有了人性光辉的照耀。他特别富有亲和力，特别善于将理论转化为实践。我认识熊老师的20多年里，他一直致力将其理论付诸实践，从发展性教学到反思性教学，从理解教育到自然分材教学，他都在中小学实践与实验，甚至亲力亲为，做校长、进课堂，他都是一把好手，受到中小学校长和老师的广泛好评。受熊老师影响，我毕业之后也一直积极投身课程教学改革，在实践中获得理论启迪，在实践中提升研究品质。

感谢上海市教育科学研究院普通教育研究所同仁的关心和帮助，感谢全国品质课程联盟这个温暖的大家庭，感谢华东师范大学出版社王焰社长的鼎力支持，感谢责任编辑刘佳老师的严谨与专业！

杨四耕

2020年3月于上海静竹斋